憨夺型投资者

The Dhandho Investor
The Low-Risk Value Method to High Returns

华章经典 · 金融投资

MONISH PABRAI

〔美〕莫尼什·帕伯莱 著

陈丽芳 译

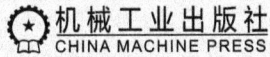
机械工业出版社
CHINA MACHINE PRESS

图书在版编目（CIP）数据

憨夺型投资者 /（美）莫尼什·帕伯莱（Monish Pabrai）著；陈丽芳译 . —北京：机械工业出版社，2017.6（2025.6 重印）

（华章经典·金融投资）

书名原文：The Dhandho Investor: The Low-Risk Value Method to High Returns

ISBN 978-7-111-57133-9

I. 憨… II. ①莫… ②陈… III. 金融投资－研究 IV. F830.59

中国版本图书馆 CIP 数据核字（2017）第 118591 号

北京市版权局著作权合同登记　图字：01-2017-0747 号。

Monish Pabrai. The Dhandho Investor: The Low-Risk Value Method to High Returns.

ISBN 978-0-470-04389-9

Copyright © 2007 by Monish Pabrai.

This translation published under license. Authorized translation from the English language edition, Published by John Wiley & Sons. Simplified Chinese translation copyright © 2017 by China Machine Press.

No part of this book may be reproduced or transmitted in any form or by any means, electronic or mechanical, including photocopying, recording or any information storage and retrieval system, without permission, in writing, from the publisher. Copies of this book sold without a Wiley sticker on the cover are unauthorized and illegal.

All rights reserved.

本书中文简体字版由 John Wiley & Sons 公司授权机械工业出版社在全球独家出版发行。

未经出版者书面许可，不得以任何方式抄袭、复制或节录本书中的任何部分。

本书封底贴有 John Wiley & Sons 公司防伪标签，无标签者不得销售。

憨夺型投资者

出版发行：机械工业出版社（北京市西城区百万庄大街 22 号　邮政编码：100037）	
责任编辑：施琳琳	责任校对：李秋荣
印　　刷：固安县铭成印刷有限公司	版　　次：2025 年 6 月第 1 版第 8 次印刷
开　　本：170mm×242mm　1/16	印　　张：13
书　　号：ISBN 978-7-111-57133-9	定　　价：59.00 元

客服电话：（010）88361066　68326294

版权所有·侵权必究
封底无防伪标均为盗版

我要向投资大师沃伦·巴菲特（Warren Buffet）、查理·芒格（Charlie Munger）致敬！谨以此书献给我的父亲奥姆·帕伯莱（Om Pabrai）！

致 谢
Acknowledgements

本书是我多年来阅读各类文献的心得以及我和友人沟通后的结论,也是经过投资实践验证后的观点之集成。书中所写,一切乃发自肺腑。里面有很多借鉴的观点,属于我个人原创的观点不多。

如果没有沃伦·巴菲特,就不会有帕伯莱基金(Pabrai Funds),当然也不会有本书的面世。沃伦·巴菲特和查理·芒格对我的影响之大,是无法用言语表达的。他们的视角几乎影响了整本书的观点和内容。两位投资大师多年来在投资领域的成就和思想激励着我,他们的无私和智慧引导着我,我对他们的恩德无以为报。沃伦、查理,谢谢你们。

我要感谢我亲爱的朋友帕特·菲茨杰拉德(Pat Fitzgerald)和他的女儿米歇尔(Michelle),是他们提出来我应该写一本书。要不是他们,我不会想到在投资的同时利用业余时间写书。我感谢他们的坚持和鼓励。米歇尔对这个项目表现出的热忱和兴趣督促着我。我很感谢她的付出。我还要感谢Wiley出版社的编辑和工作人员。德布拉·英格兰德(Debra Englander)给我提出了无数宝贵的建议,还有格雷格·弗里德曼(Greg

Friedman）和克里斯蒂娜·范里根（Christina Verigan）也帮了我不少忙。

青年总裁组织（Young Presidents' Organization，YPO）的伙伴们一路陪伴着我。感谢泰瑞·亚当斯（Terry Adams）、安迪·格雷厄姆（Andy Graham）、戴夫·豪斯（Dave House）、迈克尔·马斯（Michael Maas）、马克·摩西斯（Mark Moses）、杰·瑞德（Jay Reid）和莱恩·雷切斯（Ryan Rieches）。在过去9年的时间里，青年总裁组织改变了我的人生。如果我从来没有加入青年总裁组织，就不会有帕伯莱基金或者本书的面世。我对青年总裁组织的贡献有限，但却从中学到了无数道理。这个绝妙的组织给了我无限的支持和帮助，我感激不尽。

我首先是从大学室友埃杰·德赛（Ajay Desai）那里第一次听到"憨夺"这个单词。虽然我们已有十几年没有联系，但我们一直期待能够再次相见。回忆当时有关憨夺型投资模式的讨论，我要谢谢你。

帕伯莱基金的办公室经理伊莎贝拉·塞克（Isabelle Secor）和第四源（Source 4）的玛丽贝思·纳吉（Marybeth Nagy）两人倾力编辑了本书。伊莎贝拉、玛丽贝思，谢谢你们。我还要感谢惠特尼·蒂尔森（Whitney Tilson）给我们提供的编辑建议。我的朋友沙伊·达尔达什蒂（Shai Dardashti）鼓励我要说一说回报社会的重要性，他的建议太重要了。谢谢你，沙伊。我的好朋友和邻居萨米尔·多什（Samir Doshi）向马尼拉尔·乔杜里（Manilal Chaudhuri）引荐了我，我才有机会采访乔杜里。谢谢他从百忙中抽出空来和我见面讨论投资的建议。

我的女儿芒苏（Monsoon）和莫马奇（Momachi）从知道我要写本书开始就很兴奋，一直很支持我写下去。我在写书的时候，一直想象着儿女和孙儿读本书的情景。想象着他们在未来的某一天，手中捧着《憨夺型投资者》细细读来的感觉，我就觉得甚是安慰。也许我等不到那一天，但有了这种感觉和意念，就足以鼓舞着我不断写稿，按期完成。

我十几岁的时候，先父奥姆·帕伯莱就开始教我很多有关憨夺型投资模式的宝贵经验，他的谆谆教诲，我一直铭记于心。可以说我读大学前，就已经取得工商管理学位。谢谢你，爸爸，我好想念你。妈妈一直在信封背面记账，我也沿袭了这种方法分析企业的业务模式。

我的挚友兼妻子哈林娜·卡普尔（Harina Kapoor）对我的事业给予了无限支持。她是本书手稿的第一位读者。谢谢你，亲爱的！我比你所知道的还要更爱你。生命是一段旅程，而过程本身是最重要的。有大家的陪伴，让这段旅程变得精彩无限。我要借此机会向你们每一个人致以深深的谢意。

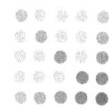

目 录
Contents

致谢

第 1 章 帕特尔人开汽车旅馆的生意经 / 1

第 2 章 马尼拉尔的生意经 / 15

第 3 章 维珍集团的投资之道 / 23

第 4 章 米塔尔缔造钢铁王国的憨夺法 / 31

第 5 章 憨夺型投资模式的框架 / 39

第 6 章 憨夺型投资法则 101：投资现有的业务 / 53

第 7 章 憨夺型投资法则 102：投资经营模式简单的企业 / 57

第 8 章 憨夺型投资法则 201：

投资低迷行业里遭遇困境的企业 / 65

第 9 章 憨夺型投资法则 202：

投资具有持久竞争优势的行业 / 73

第 10 章 憨夺型投资法则 301：

少投注，投大注，只挑最好的投 / 79

第 11 章　憨夺型投资法则 302：注重套利　/ 93

第 12 章　憨夺型投资法则 401：安全边际的重要性　/ 107

第 13 章　憨夺型投资法则 402：投资风险低、不确定性高的业务　/ 115

第 14 章　憨夺型投资法则 403：投资中模仿好过创新　/ 137

第 15 章　激昂的困境：抛售的艺术　/ 153

第 16 章　股指是否可靠？这是个问题　/ 175

第 17 章　阿周那的目标：勇士的投资经验　/ 185

注释　/ 190

第 1 章
Chapter 1

帕特尔人开汽车旅馆的生意经

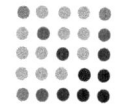

在美国，印度裔人口有300万，占美国总人口的1%左右，其中有一小部分来自印度的古吉拉特邦（Gujarat）——圣雄甘地（Mahatma Gandhi）的故乡。帕特尔人就是古吉拉特南部的一个小分支。帕特尔人在美国人口占比不到千分之二，却拥有整个美国半数以上的汽车旅馆。他们真了不起！更不可思议的是，35年前你在美国几乎看不到也找不到帕特尔人的影子。20世纪70年代初期，帕特尔人逃难来到美国，他们大部分人读书不多，更没有什么积蓄；他们讲英语磕磕绊绊，还带有浓重的印度口音，语言障碍更让人觉得他们的前途堪忧。他们一开始在美国的处境相当艰难，而今却生活富裕，事业风生水起。整个帕特尔人群在美国拥有市值高达400多亿美元的汽车旅馆资产，每年的纳税额超过了7.25亿美元，雇用员工人数将近100万。这个本来贫穷潦倒的印裔难民群体是如何在美国发迹，控制了美国汽车旅馆行业的命脉呢？可以用一个印度词"dhandho"来解释。

dhandho（读作"憨夺"）是印度古吉拉特邦方言的一个词，源自于梵语"财富"（dhana），字面意思是指"努力创造财富"，也可以通俗地译为生意。这两种译法也有相通之处，做生意不就是为了创造财富吗？

如果我们仔细分析一下帕特尔人开汽车旅馆的经验——高回报、低风险，会发现"憨夺"这个词的语义更加具体。要赢得高回报，就必须冒更高的风险，历来我们学的就是这个道理。古吉拉特语的"憨夺"翻转了这个概念——以承担最小的风险来获得最大的收益。帕特尔人擅长用"无风险"的方法来做生意，稳赚少赔甚至不赔的观念已经深入人心，他们对之习以为常。因此，"憨夺"更精确的意思是用无风险的方法保证财富的创造。

企业家要向帕特尔人取生意经。本书的主要读者——投资者和资产分配者更要向帕特尔人学习。资本分配本质上需要"憨夺"。如果投资者每次押注都能做到零风险、高回报，每次获得高回报后还能继续押注并保证无风险，那么投资收益将超乎想象。"憨夺"就是帕特尔人能在过去短短30多年时间里推动汽车旅馆事业呈现指数化增长的原因。

我这样说未免有点草率。没关系，大家坐下来放松一下，喝点东西，提提神。继续阅读，你将开启一段奇妙的旅程。相信你在读完之后，肯定会和我一样受益良多，就像世世代代的帕特尔生意人一样，能在现实中得心应手地应用，创造更多的财富。

古吉拉特邦位于阿拉伯海沿海地带。狭长的海岸线上有多个自然良港，北回归线正好从这里穿过。几个世纪以来，古吉拉特邦一直是印度与亚非邻国进行贸易的枢纽。璀璨的历史发展造就了这个多文化交汇的熔炉之城。12世纪，为逃离伊朗宗教迫害的拜火教徒难民来到古吉拉特邦，当地人热情地收留了他们。19世纪初很多伊朗的伊斯玛仪派信徒也辗转来到这里。数百年来，古吉拉特邦人也有迁徙到亚非邻国的。就这样，这个古老的地方逐渐发展成为印度与亚非各国开展贸易的中心。

帕特尔最初的叫法是帕缇达（Patidar），可以翻译为"地主"。古吉拉特邦的绝大多数村庄都有一个由当权者指派的帕缇达负责征收土地税、地方治安和简单的农场经营。中世纪时期，统治者选拔具备管理和经营农场才能的人来担任帕缇达。帕特尔通常都是大户人家，家族中的每个儿子都能分到自己的土地。随着土地的日益分割加剧，农耕生活难以为继。19世纪末20世纪初，古吉拉特邦的帕特尔人和伊斯玛仪派信徒大量迁徙到乌干达等东非国家。他们有的是商人，有些人成了劳工，帮助修建乌干达等国的铁路。

帕特尔人和伊斯玛仪派信徒一直以来都有着优良的创业传统。在来到乌干达之后的几十年时间里，他们带着很快为世人知晓的憨夺精神，很快控制了乌干达多个行业的发展。1972年，独裁者伊迪·阿明将军（Idi Amin）在乌干达掌权。他宣布建设只有非洲人的非洲国家，像帕特尔人和伊斯玛仪派信徒这样的"外来"人士，虽然从祖辈以来一直在乌干达土生土长，他们的事业和财产都在这个国家，即便他们早已没有"老家"，但在阿明眼里，他们什么都不是，因为"非洲只属于非洲人"。

不管乌干达的亚裔居民是否有"祖国"可以投奔，阿明都毫不留情地取消了这些人的居留权。乌干达没收了他们所有的财产充公，没有给业主一分钱的补助。1972年，7万古吉拉特人被独裁者剥夺了所有的资产后被驱逐出乌干达。

1972年前后，世界整体政局的变动改变了这些无家可归的帕特尔人的命运。1971年孟加拉国独立，以此为导火索爆发的印巴之战使印度局势动荡不安，遭受了严峻的难民危机。因此，印度政府拒绝被乌干达驱逐的印度裔难民入境。

时值越战进入尾声，大量的越南难民涌入美国。时任美国总统尼克松和国务卿基辛格听取了有关乌干达局势的汇报后，对帕特尔人的遭遇深表同情。虽然他们同意印度裔人士入境，但对入境的难民数量有所限制。作为大英联邦国家的子民，大多数帕特尔人和伊斯玛仪派信徒获准在英国和加拿大定居。这一时期美国也同样收留了几千个帕特尔家庭。

最初到达美国的帕特尔人在美国开了汽车旅馆。后来到达的几千户人家跟随着先驱者的脚步，也从事汽车旅馆经营。有那么多个行业，为什么偏偏是汽车旅馆行业？为什么几乎所有的帕特尔人都选择了相同的行业？

如果我们回顾历来移民到异国他乡的族群迁徙史，就会发现一个规律。最早到芝加哥的爱尔兰移民成了警察，而波兰人大多数做了当地人的帮佣。纽约城里，韩国移民垄断了熟食店和杂货店，中国移民主要经营干洗店，锡克人和巴基斯坦移民成了出租车司机。加州圣荷塞国际机场的出租车司机大部分都是年龄偏大的锡克人——他们都戴着头巾，别有一番特色。拉斯维加斯的出租车司机很多都是东欧裔。

特定职业呈现族群成员趋于集中的态势，主要的原因在于人们在选择职业的过程中群体榜样的作用显著。如果某个人和我有着相似的容貌特征、相似的出身、相同的信仰、所接受的教育类似，如今他在某个行业小有成就，生活富裕，这对我的人生选择自然会产生很大的影响。城区的非裔高个子男孩总会关注NBA里的非裔球员动态，羡慕他们的生活状态。他们也意识到这些NBA球星的童年和自己现在的情况差不多。仰视球星的成就，能时刻鞭策身材高大的非裔勤学苦练，提升自己的篮球技巧，希望有朝一日也能成为球场明星。

那么问题来了：为什么第一波来美国的帕特尔人选择了经营汽车旅馆而不是其他行业呢？为什么不开熟食店、干洗店或者药店呢？为什么偏偏是汽车旅馆业？为什么不去找份工作，而要自己经营呢？20世纪70年代初期，美国经历的另一个人口特征的变化可以从某种程度上解释这个问题。第二次世界大战以后，美国掀起了一股扩建郊区和修建州际高速公路的热潮。汽车成为中产阶级的身份标志，美国州际高速公路沿线出现了很多新的家庭自营汽车旅馆。1973年，阿拉伯石油禁运和美国经济政策导向错误（控制物价和薪资水平）导致全国产生了严重的经济萧条。

汽车旅馆行业受到国民可自主消费行为的深刻影响。经济不景气、汽油限供、油价飞涨等因素导致了汽车旅馆入住率的大幅度下跌。很多规模不大、毫无特色的汽车旅馆因为经营不善，无法还清银行抵押贷款，被迫关停或者以"白菜价"在市面上转让。而很多汽车旅馆主的子女大多已经成年，他们在其他行业看到了商机，也希望能突破家庭的局限，在汽车旅馆行业以外的地方闯出自己的一片天地。

帕特尔老爹的故事

1973年，帕特尔老爹从乌干达的首都坎帕拉（Kampala）被驱逐出境后，与妻子和三个十几岁的子女一起以难民身份来到了美国某镇。他在离开乌干达之前花了两个月的时间筹划他们来美的情况，尽可能把仅有的资产变卖成黄金和现金，偷偷带到美国。其实，他们也就只有几千美元而已。为了养活家人，帕特尔老爹得尽快融入陌生的异国环境。他琢磨着就凭自己奇特的口音和几句说不清楚的英语，顶多能在杂货店里拿着最低的薪水当个伙计，而且还有随时被炒鱿鱼的风险。

机缘巧合，帕特尔老爹看到了一个出售汽车旅馆的消息。这间汽车旅馆共有20个房间，售价极低。老板急于出售旅馆。帕特尔老爹想也许可以想办法让这个老板和银行贷款给他，他只要先用现金付10%或20%的房款即可。他的家人可以住在里面，他们不用交额外的租金，因为汽车旅馆收购交易现金支付的要求就只有几千美元。手头的钱加上他从亲戚那里借的，可以凑5000美元，足够买下这座汽车旅馆了。街区的银行和卖家答应帕特尔老爹以汽车旅馆做抵押贷款给他。作为最早来到美国的帕特尔人，达亚布海·帕特尔（Dahyabhai Patel）这样评论："只需要小小的一笔投资，就轻易地解决了我和家人的住宿问题，而且我们一家都有了工作和生活的地方。"[1]

帕特尔老爹想着一家人可以住在汽车旅馆里，也占不了几间房。房租不用付，也不用承担按揭的费用，只需要买辆车代步就可以。虽然汽车旅馆规模小，但24小时的前台服务必不可少，保洁人员要负责房间的整理打扫和衣物的洗涤，这至少需要4个人每天工作8个小时。帕特尔老爹解散了所有的帮工。帕特尔老爹和妻子负责各种杂务，孩子们在晚上、周末和节假日也能帮忙。达亚布海·帕特尔在回忆帕特尔一家早年做生意的方式时说："我要当前台、木匠、水管工人、清洁工、电工，反正有什么要干的，自己都得上。"[2]因为没有雇用帮手，对开销控制很严格，帕特尔汽车旅馆的运营费用在附近同类型的旅馆中是最少的。每晚客房住宿的标价最低，但利润率却依然比这家旅馆以前的老板经营时要高，比同行赚得更多。就这样，每天来入住的客人很多，帕特尔老爹赚了很多钱。他的竞争者入住率下降，迫于降价的压力也越来越大。但是他们的成本结构不允许他们降价，最起码无法低到帕特尔老爹经营的旅馆的标价水平。因此，他们经历了住房率和利润率不断暴跌的窘境。

通常帕特尔人在人们心目中的印象是素食、生活简朴。20世纪70年代美国绝大多数餐馆不提供全素餐饮服务，所以帕特尔老爹一家更喜欢在家里吃饭，最重要的是自己做饭更便宜。汽车旅馆的生意很忙，他们起早贪黑，没有太多的时间开展娱乐活动，也因此大大减少了日常开销。他们一家没有房贷、租金等费用，也不需要支付上下班的通勤费、外出就餐、度假或者任何类型的娱乐开销，顶多那辆普通的汽车会花一些油钱和保养费。可以说，帕特尔老爹一家人的生活费每年不超过5000美元，而且他们还过得舒适自在。

20世纪70年代的物价要比现在低很多，人们的最低工资标准只有1.6美元。如果帕特尔老爹和妻子两个人都出去做全职工作赚钱，即使做薪酬最高的工作，两人能够期望得到的年薪收入只有6000美元。如果他们以50 000美元的低价买进汽车旅馆，首付5000美元，剩下的钱去筹借，按照每天12美元或者13美元的客房价、平均入住率为50%～60%来算，那么经营汽车旅馆的年收入可以达到50 000美元。

20世纪70年代初期，美国国债的收益率为5%，买家以10%～12%的利息从银行贷款，以汽车旅馆作质押，这样的购买条件，汽车旅馆的老板和银行都乐见其成。帕特尔老爹的年化利息支出是5000美元，购买汽车旅馆的首付是5000美元，以及经营旅馆所需要的日常开支、维修和设备折旧费用约每年5000～10 000美元。这样算来，购买并经营旅馆的成本总共不到20 000美元。假设帕特尔老爹一家每年的生活费是5000美元（在1970年，这不算是一笔小数目），经营旅馆所得的净利润是15 000美元，这已经是除去所有的税金和一家人的日常开支后的数字。帕特尔老爹当年从同乡那里借来5000美元，他们辛苦攒钱，不到4个月后就还清了所有欠款。按照这种趋势，帕特尔一家可以在3年内付清按揭贷款。

5000美元的投入年收益率竟然高达400%，收益额达20 000美元，其中 15 000 美元是现金收益，5000 美元是本金偿还。如果他从同乡那里借了 5000 美元来垫付首付，那么投入资本的收益率是无限的，这相当于一分钱没有投，却赚了 20 000 美元。这看起来真的非常诱人，但是如果汽车旅馆经营状况不好，那该怎么办？如果帕特尔老爹一家赔钱了，那该怎么办？

由于帕特尔老爹是第一次在美国购买旅馆，他必须得抵押购买的不动产，而且还得向贷方提供个人保证。帕特尔老爹自己手头的钱，最多只有 5000 美元，所以他所谓的个人担保没有任何意义。如果他无法偿还银行贷款，银行会收走汽车旅馆。帕特尔老爹除了这家旅馆外，没有任何其他的财产。银行可不想收走汽车旅馆，因为银行没有经营旅馆的资质和人手。若银行接管了以后，也很难将其出售，因为没有人愿意出一大笔钱买一家只赔不赚的汽车旅馆。

其中的道理很简单：如果帕特尔一家无法从经营汽车旅馆的生意中获利，其他人就更不用说了。摆在银行面前只有一条路：和帕特尔老爹合作，想办法帮助帕特尔老爹经营旅馆，让其盈利，这样银行就有条件重新和帕特尔议定后面的条件，因为它帮助帕特尔老爹一家人的生活重返正轨。帕特尔一家有可能会在前面几个月延迟支付本金和利息，但情况一旦好转，他们就能筹集资金尽快还钱。他们可能现在已经在想办法筹款，这样银行才不至于整天上门追债。就这样，帕特尔老爹安心地经营旅馆的生意，并且一家人还住在这里。他工作很卖力，也很注重经营方法，因为他别无选择。如果经营成效不明显，他们一家子就得睡大街了。

要知道，这是一个业务模式非常稳定的生意，长期以来，现金流和利润率已经经过了市场和时间的验证，这不复杂。汽车旅馆的经营模式简单，经营者成本低，就有了无懈可击的竞争优势。没有人能像帕特尔老爹一家那样能以那么便宜的费用来经营并且获利。整体经济形势衰退，汽车旅馆行业也遭受了冲击。当经济形势好转时，这里的生意也跟着好起来。银行能够拿到自己的应收欠款，而帕特尔老爹就更是喜上眉梢了，真是皆大欢喜！

如果我们把这场投资看成赌博，会发现可能有三种结果。

第一，5000美元的投资获得了400%的年化收益。我们假设这样的收益率持续了10年，然后帕特尔老爹以买入价50 000美元成功卖出他的汽车旅馆，这相当于他购买了年利息率为300%的债券，最终获得了年利率为900%的回报。这相当于21倍股——10年期间年化收益高达50%以上。我们假定贴现率为10%，净现金流量如表1-1所示。

表 1-1　帕特尔老爹投资表现最佳的净现金流分析

（单位：美元）

年份	自由现金流	未来现金流现值
现金余额		0
1	15 000	13 636
2	15 000	12 397
3	15 000	11 270
4	15 000	10 245
5	15 000	9 314
6	15 000	8 467
7	15 000	7 697
8	15 000	6 998
9	15 000	6 361
10	15 000	5 783
10	售价 50 000	19 277
总额		111 445

第二，经济形势经历了严重的衰退，汽车旅馆的业务在低谷沉浸多年。银行和帕特尔老爹合作，重新商议了之前所谈的贷款条件。5 年来帕特尔老爹的投资回报率都是 0，在经济复苏后，帕特尔老爹的年利润高达 10 000 美元，现金流呈现了极度自由的态势。假如，第 10 年该旅馆以买入价卖出，这笔投资相当于我们购买了一份债券，前面 5 年时间里收益率都是 0，后面 5 年的收益率是 200%，最终获得了 900% 的利息收入（见表 1-2）。这相当于一个 7 倍股，10 年间保持了年化收益超过 40% 的表现。

表 1-2 帕特尔老爹投资表现欠佳的净现金流分析

（单位：美元）

年份	自由现金流	未来现金流现值
现金余额		0
1	0	0
2	0	0
3	0	0
4	0	0
5	0	0
6	10 000	5 645
7	10 000	5 131
8	10 000	4 665
9	10 000	4 240
10	10 000	3 854
10	售价 50 000	19 227
总额		42 812

第三，经济陷入严重的衰退，生意一落千丈。帕特尔老爹无法偿还借款，银行收走了旅馆，帕特尔老爹血本无归。年化收益是 −100%。

这三种情况涵盖了帕特尔老爹投资汽车旅馆经营所有的可能。假如第一种情况发生的概率是 80%，第二种情况发生的概率是 10%，第三种情况发生的概率是 10%。我们假定旅馆的经营情况比预期情况更糟的概率是 1/5，这是相当保守的估计，因为当时帕特尔老爹买入旅馆的价格很低，而他们一家不仅勤劳还很有生意头脑，知道如何以最低的成本来经营旅馆。另外，我们假定 10 年时间里旅馆的客房标价保持不变，这种情况在现实中几乎不可能发生。尽管如此，我们权衡了概率后的年化收率依然超过了 40%。这项投资预期的现值大约为 93 400 美元（= 0.8 × 111 445 美元 + 0.1 × 42 812 美元）。从帕特尔老爹的角度看，他赔掉 5000 美元的概率是 10%，而最终获得 100 000 美元的概率是 90%（10 年间获得 200 000 美元的概率是 80%）。显然，这绝对是一桩非常划算的投资。

如果你去赌马，有 90% 的概率你能获得 20 倍的收益，有 10% 的概率会赔钱，你会下注吗？当然会！你会乐此不疲，一再下注。有了这么大赢的概率，你把大部分身家赌进去都值得。这虽然不是毫无风险的赌局，却是低风险、高回报的投资。就好比你抛硬币，正面朝上，赢得多；正面朝下，输得少。

你心中的疑虑并没有就此打消，可能你会说，要是你像帕特尔老爹那样把一切都赌进去，最终也有可能会一无所有。

帕特尔老爹看似是一次性把自己所有的家当都押注了，但是你不知道的是他手中有张王牌。如果银行把旅馆收回，他和妻子可以在零售店里当装袋工赚钱养家，每周工作 60 个小时，而不是一般人能接受的 40 个小时，那么他们也能最大化自己的储蓄。按照 1973 年的最低工资标准 1.6 美元计算，他们一年能赚 9600 美元。交税后，他们每年能攒 2000 美元或者 4000 美元。两年后，帕特尔老爹就能再次出手，买下汽车旅馆，继续做生意。

连续两次经营旅馆都失利的概率很低，只有1%。但是经营旅馆赚钱的概率却是99%，而且利润率高达20倍。这绝对是一桩低风险、高回报的生意，非常值得去试一下。要么赢，要么赔得很少。

按照这样的现金流水平，帕特尔老爹一家很快就能攒下一笔不小的财富。他们依然过着非常淳朴的生活，他们的长子过几年就要成年了，到时候老爹就会把旅馆业务转交给他打理。他们一家买了房，准备再买一家旅馆。

这一次，帕特尔老爹一家买了有50间客房的旅馆。他们不再住在汽车旅馆里，但是依然没有雇用太多帮手。他们的生意经很简单，尽可能控制成本，房费比竞争者的低，提升入住率，最大化现金流。按照这种经营模式的不断复制，帕特尔家族在买入越来越多的汽车旅馆后，逐渐将之前业务上了轨道的旅馆交给亲戚经营。

这里出现了滚雪球效应。几十年下来，我们看到了美国汽车旅馆有一半都纳入了帕特尔家族麾下。在汽车旅馆市场占据主导地位后，帕特尔家族开始购买高端旅馆，并涉足其他能够沿用低成本经营模式的产业，并获得了不可比拟的竞争优势。他们的产业包括加油站、唐恩都乐连锁集团（Dunkin' Donuts）、711便利店等。有些帕特尔家族成员已经着手开发高端分时度假公寓。随着业务的拓展和时间的推移，这个雪球还在不断增大。

第 2 章
Chapter 2

马尼拉尔的生意经

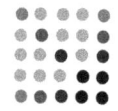

帕特尔人经营旅馆的故事很有意思，但是他们的成功似乎是因为他们抓住了20世纪70年代初千载难逢的机遇，而现在可没有那么好的商机。我们接下来介绍一下马尼拉尔·乔杜里从商的经历，就能轻易地反驳这种论调了。马尼拉尔并不是帕特尔人，而是他们的表亲。马尼拉尔和帕特尔一家人一样，从古吉拉特来，几乎和帕特尔人有着一样的文化背景和宗教信仰。和典型的帕特尔人一样，马尼拉尔的身体里也有着追求低风险、高回报的憨夺型生意的传统。

2006年，在南加州风和日丽的情人节当天，我离开尔湾市（Ivrine）的办公室来到加州莫雷诺谷（Moreno Valley）的贝斯特韦斯特旅馆（Best Western Motel）。这家旅馆位于沙漠腹地，离周围的绿地足足有50英里⊖远。我一个与马尼拉尔交情不错的朋友向我介绍了他们家在美国创业的故事。我被他们的精神深深打动了，就赶紧联系马尼拉尔，希望能采访他。

马尼拉尔诚实勤奋、待人随和、毫无架子，那年他54岁。他在古吉拉特出生长大，有四个兄弟和两个姐妹。20世纪70年代，他有一个兄弟移民到美国，之后定居在旧金山海湾地区。马尼拉尔来美国前，在印度学的是会计专业，做过财务工作。1991年，他的兄弟帮忙出资，他才拿到了美国绿卡，并和妻儿移民到美国。

初到美国的时候马尼拉尔身上几乎没有钱，也没有任何资产。他的兄弟收留了他们一家，马尼拉尔开始到处找工作，希望能糊口。来美国前，马尼拉尔就讲英语。我们俩见面的时候，他已经以英语为第一语言长达15年时间。尽管如此，我依然发现马尼拉尔的英语非常难懂，尤

⊖ 50英里约为80公里。——译者注

其在电话中更是如此。马尼拉尔的英语不太流利，而且带有浓重的印度口音，当面交流自然要比电话中容易一些。但可想而知，他15年前找工作的时候，口音问题肯定给他带来了不少的麻烦。

马尼拉尔之前没有在美国工作的经历，也没有合适的推荐人，加上他的口音问题，他很难找到会计这样的白领工作，最终放弃了财务这个工作目标。马尼拉尔得尽快工作，家里的妻儿要靠他养活。他当时愿意接受任何工作，只要薪水能达到最低的工资标准就可以。20世纪90年代初期，美国经济呈现深度衰退，就业对大多数人来说都是一大难题。马尼拉尔的第一份工作是在加油站。他每天从下午3点开始一直要工作到第二天早上7点，一天工作16个小时，而且没有休息日。他一周的工作时间是112个小时。

无意间，马尼拉尔听说南加州有一家电脑电源制造公司圣诺技电源公司（Cherokee International）在招工，这家公司的老板也是帕特尔人。马尼拉尔参加了圣诺技电源公司的面试后被录用了。马尼拉尔一家搬到了南加州，兄弟借给他一点钱，帮他们安顿下来。

在圣诺技电源公司扎根立足后，他成了全职员工，并在公司允许的限度内加班。圣诺技电源公司了解了马尼拉尔的会计能力，将他安排在库房里，辅助存货管理。薪水只比最低工资标准高一点。几个月后，他的两个兄弟和一个姐妹全家都加入了这个公司。他们挤在一间小小的公寓里。很快，这个家族中的成年人开始在圣诺技电源公司的装配线上工作。马尼拉尔有个弟弟还是单身。7个人工作，很快就有了一笔稳定的现金收入，马尼拉尔和兄弟姐妹开始殷切地希望能攒点钱。

他们的首要目标是能住在大一点的房子里，所以他们打算买房。

1994年，他们倾尽所有——大约60 000美元，在加州福特希尔牧场（Foothill Ranch）这个怡人的小镇上买了幢房子，总价203 000美元。1994年，马尼拉尔开始在德士古（Texaco）加油站兼职。马尼拉尔在圣诺技电源公司的工作时间是早上8点到下午5点，之后他从下午5点30分一直工作到晚上11点。这家波斯人开的加油站老板意识到马尼拉尔老实肯干，很快就请他代管加油站。除了工资外，老板还提供加油站10%的净利润作为奖金。马尼拉尔就像看管自家的店一样经营加油站，他负责员工的聘用、管理和解聘，确保加油站的运转万无一失。

马尼拉尔很快就对加油站的业务了如指掌。业务各项明细以及对应的利润、管理费、总利润等，他都一清二楚。1998年，乔杜里家族除了为马尼拉尔的妹妹一家买了公寓外，还在同一个小镇上有了第二套房子，价值169 000美元。他们的日子依然过得很简朴。从一开始，这四个兄弟姐妹及其家人就同意了每个月每家从收入中预留500美元出来作为公共储蓄基金。这个基金为第一套房子提供了首付。之后，在这个家族购买其他房产的过程中，这笔储蓄基金也出了不少力。他们都选择简朴的生活方式，不分白天黑夜地工作。结果，他们根本没有太多的时间参加娱乐活动。马尼拉尔告诉我，他们在定居南加州后的头两年时间里去旅游，参观了当地常见的景点。他们对旅游失去了兴趣，全家人都在长时间地加班。虽然他们的薪水很低，但每年每家都能攒下好几千美元。

1998年，马尼拉尔决定和兄弟姐妹联合出资购买商铺。他们考虑了加油站、酒水店铺、干洗店等。德士古加油站的老板非常支持他的创业行为，提醒他不要考虑烟酒商铺，主要是因为当地的犯罪率偏高，可能会给自己带来不少的麻烦。有些帕特尔人建议他开汽车旅馆。当时，要在南加州开一家汽车旅馆，本钱得上百万美元了。马尼拉尔寻寻觅觅，却一直找不到合适的项目，但是他很耐心。2001年"9·11"事件发生后，旅游行业遭遇大幅度跳水，汽车旅馆入住率和客房费用也骤跌了。

圣诺技电源公司雇用了很多帕特尔人。这家公司的副总裁就是其中之一，名叫阿肖克·帕特尔（Ashok Patel）。他很喜欢马尼拉尔，并且愿意出资投资马尼拉尔准备从事的业务。"9·11"事件以后，马尼拉尔发现在莫雷诺谷有一家贝斯特韦斯特旅馆出售，售价450万美元。这个汽车旅馆面积有3英亩⊖，地段非常好，靠近公路。他们需要支付140万美元的首付。马尼拉尔和兄弟姐妹总共有225 000美元的存款。他们可以通过住宅净值贷款获得125 000美元。

他们最后和卖家商定的条件是乔杜里一家付现35 000美元，获得这家汽车旅馆25%的股份。阿肖克·帕特尔投资了约252 000美元，获得了18%的股权。马尼拉尔另外三个朋友每个人都投资了266 000美元，分别获得19%的股权。下面是莫雷诺谷贝斯特韦斯特旅馆的权益构成情况。

所有者	权益占比（%）
马尼拉尔和他的兄弟姐妹	25
阿肖克·帕特尔	18
马亨德拉·帕特尔（Mahendra Patel）	19
拉维·帕特尔（Ravi Patel）	19
考努·帕里克（Kanu Parekh）	19
总计	100

⊖ 3英亩约为1.21万平方米。——译者注

马尼拉尔告诉我说，无论他投资什么行业，把钱交给谁投资，他都充满了怀疑。不过，他觉得自己可以尝试管理汽车旅馆，他的投资者也已经把钱交给他管理。我告诉他帕伯莱投资基金（Pabrai Funds）也是以同样的方式运作的。我不需要对投资者做过多的尽职调查，因为是他们投钱给我，而不是我投钱给他们。

马尼拉尔辞掉了自己在圣诺技电源公司的工作，开始全职管理这家旅馆。他会给自己发工资，获得的净利润会在几个股东中按照出资比例分红。

4年后，这家汽车旅馆的市值超过900万美元，增值率为100%。在这4年里，310万美元的部分产权余款已经支付。我们假设每年马尼拉尔支付的欠款是20万美元，那么现在还剩下230万美元欠款。他们投入了140万美元的首付，而今拥有的资产是670万美元。这可是每年48%的年化收益！

当然，马尼拉尔的所得还不止这些。我们还没有计算过去4年间这笔投资获得的收益。马尼拉尔2001年接管旅馆的时候，平均入住率不到60%，每晚的住宿费是55美元，每年的总收入不到160万美元。

如今，这家旅馆的平均入住率是65%，平均每晚的住宿费是70美元，总收入大约是210万美元。收入已经增加了大约50万美元。我认为4年前后经营旅馆的成本约增加了15万美元。每年，这家旅馆可以带来80多万美元的现金流，而这还是除去了给马尼拉尔丰厚的报酬之外的数字。

我们从马尼拉尔的角度来分析一下旅馆经营的经济学。马尼拉尔管理旅馆每年的薪水是5万美元，相比他在圣诺技电源公司和加油站兼职的时候，他的工资水平有明显的提高。马尼拉尔一家投资旅馆的35万美元初始回报大约是一年12.5万美元。每年的增幅是2.5万美元，而今年收益达到了20万美元。最初，马尼拉尔支付了36%的产权价格，而今已经支付了57%。此外，如果他们决定出售这个旅馆的话，所获得的可不仅仅是35万美元，而是将近170万美元。4年间，他们初始投资的回报率是500%。

马尼拉尔这些天正忙着在加州的奇诺岗（Chino Hills）建造新的假日快捷酒店（Holiday Inn Express）。他以130万美元的价格买进土地，希望总造价控制在800万美元内。每年的预期收入约230万美元。当然，马尼拉尔不可能向我透露他所有的财务细节，对此我表示非常理解。但是我觉得现在的贝斯特韦斯特旅馆已经重新进行了融资，原始投资人已经套现了他们的资本。而正是通过贝斯特韦斯特旅馆的二次融资，加上旅馆颇丰的收益，使得马尼拉尔成功地开展了奇诺岗的假日快捷酒店和其他项目。

乔杜里家族的其他兄弟姐妹也已经有了自己的房产和独立的业务。马尼拉尔有一个兄弟和妹妹在犹他州各自都有小型的酒店生意。每家酒店的客房数目是40～50间，买入的首付是25万美元。除了一个兄弟外，马尼拉尔的其他兄弟姐妹及其配偶都已经辞去了在圣诺技电源公司的工作，转而开始经营酒店。马尼拉尔一家还住在1994年他们在加州福特希尔牧场买入的第一套房子里。孩子们现在都过得很幸福。他们有的是医生，都有很不错的工作。马尼拉尔的女儿32岁，已婚，有两个孩子。她最近在犹他州也买入了一家旅馆，和丈夫一起在经营。

马尼拉尔·乔杜里的经历就讲到这里了。他努力工作、赚钱养家，坚持储蓄，然后用所有的积蓄投入到一桩只赚不赔的生意里。就这样，尽管他在起步的时候面临着"9·11"事件后旅游业和酒店服务行业非常不景气的情况，但是他在旅馆业务低迷的时候，成功抄底入行。此前，他寻寻觅觅了足足有3年时间。他非常耐心地等待着属于他的机遇，然后看准时机出手。可以说，他的从商经历属于典型的"少投注、投大注、只挑最好的投"。这也体现了低风险、高回报投资的特点：情况好，赢得多；情况不好，输得少。

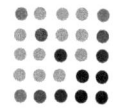

第 3 章
Chapter 3

维珍集团的投资之道

你现在肯定在想:"帕特尔和马尼拉尔都是成功的商人,我很佩服他们,但是他们的经历无非是我们茶余饭后能谈论的励志故事罢了,显然不可能被大众所复制。我甚至都不可能和我的兄弟姐妹及他们的家人住在一起,更别说要住在一起好几年,一起存钱实现构建汽车旅馆事业王国这样伟大的目标了。我可不想每周工作100个小时,更不愿意和家人挤在旅馆里那么多年,而只是为了生存。"你甚至会认为帕特尔和马尼拉尔人的家庭环境或者基因条件决定了他们愿意如此含辛茹苦、特立独行地做生意。我们无法重复这种憨夺型的投资之道,因为我们有着根深蒂固的文化和生活理念的差异。

为了打消大家的疑虑,我们来分析一下理查德·布兰森(Richard Branson)主导的商业集团的成功之路。布兰森并不是帕特尔人,也不是从古吉拉特或者印度起步,然后移民美国的。他来自英国的萨里(Surrey)。他与帕特尔老爹和马尼拉尔一样,有着超凡的创业历程。区别在于,布兰森在成就事业辉煌的同时,还尽情地享受人生。布兰森看似与这两位印度的创业者没有任何共同之处,但是他们却因类似的经商方法而紧密地联系在一起。他们都是憨夺型生意人,都是低风险、高回报投资之道的践行者、实干家。我们来回顾一下维珍航空(Virgin Atlantic)的发展史,了解如何以最低的成本,在几乎毫无风险的前提下创办公司。这就是憨夺型生意之道的精髓。

时间回到1984年,理查德·布兰森对航空公司的业务一窍不通。他15岁开始创业,成功地创立了唱片录制和发行公司。

就在这个时候,有个人给布兰森呈上了一份在伦敦和纽约两地启动只提供商务舱飞行业务的企划书。布兰森知道,他一个唱片公司的老板收到了涉及波音747大型喷气式客机的商业计划,那么这份计划书肯定吃了至少3000多次闭门羹了。这就意味着有3000多个深谙航空客运业务的老板认定这份企划案根本行不通。报告书中强调,商务舱客运市场容量较大,需求有余、供应不足。布兰森花了整整一个周末的时间打电话给各大廉价航空公司,查询从伦敦到纽约的航线,发现电话不是一直占线就是处于无人接听的状态。[1]

布兰森明白要么是这些航空公司的老板脑子进水,要么就是这些公司因为现有业务需求过旺,根本无暇顾及他的需求。也就是说,他在这个细分领域里有与其他航空公司竞争的空间。他修改了这份企划书,改成提供独特的两舱服务航线业务。

这个周末,布兰森一刻不得闲,一直在思考如何制订周密的计划和实施方案。周一,他找到了唱片公司的合伙人,告诉他们自己有意向投身航空客运业务。合伙人这样回复:"布兰森,你肯定是疯了。"布兰森得到的解释是他首先得需要一架波音747喷气式飞机,这可是现有最贵的客机。他们还问布兰森:"你知道一架这样的飞机得花多少钱去购买和运营吗?"合伙人明确表示没有兴趣开展这项业务,也无法支持布兰森去冒险。

布兰森坚持自己的看法。他打通了西雅图的电话号码查询热线,找到了波音公司的主机号码。前台人员接通电话后,布兰森说他要和公司的负责人商谈租赁一架波音747喷气式飞机的事宜。电话转接了好几次后,布兰森终于和看似可以说得上话的主管通了电话,布兰森问是否有闲置的老式喷气式飞机,他得到的答复是"有"。布兰森继续问能否和他签订一年的租约。这个波音公司的职员觉得布兰森纯正的英国腔很有趣，回答说目前要求租赁业务的客户比较多，但是他们会考虑和常客签订租约。布兰森坚持和波音公司方面磋商，并索要了租金的信息。[2]

波音公司给了布兰森大概的报价。借此，布兰森明白了要开展维珍大西洋航空公司（Virgin Atlantic Airlines）的航线服务所需要的总费用以及失利后需要承担的债务，即200万美元。那一年，唱片公司的净收入是1200万美元，第二年的预期收入是2000万美元。

布兰森发现只有一架飞机的航空公司，可以在飞机降落后30天支付燃料费，在降落后的15～20天内支付乘务人员的薪水，而在飞机起飞前约20天可以获得机票的收入。这种情况下所需要的流动资本非常有限，和波音公司谈妥了非常划算的短期租赁业务后，他根本不需要去购买飞机来开展航线业务。

布兰森还知道他可以雇用几个地勤人员。在报纸上打广告，就可以接受机票预订了。歌手乔治男孩（Boy George）的唱片是由维珍唱片公司录制的，布兰森和歌手本人是好朋友。为了激励维珍大西洋航空公司成立初期员工的士气，调动他们的工作热情，布兰森邀请乔治男孩前往维珍大西洋航空公司总部所在地的伦敦盖特威克机场（Gatwick Airport）货运区和员工见面。员工见到这位歌星非常激动。但是让乔治男孩惊讶的是维珍总部的设施比较混乱，他后来对布兰森坦言："不容易啊！瞧这个地方乱的。我真心高兴现在双脚还踩在地上。"创业伊始，百业待兴，很多方面的思路和工作都尚待理顺。[3]

如果现在有人想在硅谷创业，那一定得有写得非常漂亮的企划文案，还得有项目发起人的三寸不烂之舌，得在投资人乘坐电梯的片刻工夫说服他们投资。最起码得获得6000万美元的初始资本来建设所需的基础设施。布兰森独辟蹊径，他并没有沿用传统的创业套路。一个周末的时间，他就修改好了商业企划案，并把一切细节都嵌入了脑海中。一开始根本不需要撰写太多的文字报告，也不需要一大堆董事的董事会或者顾问，不需要风险资本家或者天使投资人的介入。所有的一切都由布兰森一个人完成，而他还是一个没有航空客运行业从业经历和专业知识的赢家。

我觉得我们从维珍大西洋航空公司的故事中可以学到一些经验。要进入航空客运服务行业，需要一架价值2亿美元的波音747大型喷气飞机和很多航空乘务员，要在这个行业中生存，你需要雷厉风行的魄力和严格控制现金流的智慧。如果布兰森可以在几乎没有额外资本投入的前提下，投资建立维珍大西洋航空公司，那么你也肯定能够在你选定的行业中用最少的资本开始创业。你所需要的就是用一流的创意和妥善的方案来弥补资本不足的缺憾。

布兰森发现了服务的缺口，竭尽全力填补了这个缺口。在这个缺口不断被缩小的同时，英国航空公司和其他竞争者才如梦初醒，而布兰森已经在业内创立了维珍航空这个强大的品牌。即使是现在，维珍大西洋航空公司依然在竞争异常激烈、总体不景气的行业中独领风骚，提供了别致的服务。维珍大西洋航空公司的业务模式纯粹是憨夺型的——低风险、高回报。

维珍集团是一家涵盖200多种业务、年收入达到70亿美元的私营集团，每年的自由现金流量高达6亿～7亿美元，这200多种业务的共同点是开始所需要的投资都不多。维珍集团的投资之道是：情况好，赢得多；情况不好，输得少。

2005年,他们开发了一个名为维珍脉冲的电子产品业务,由塔吉特(Target)的商店负责销售。[4]塔吉特要求维珍集团开发专门为自己定制的设计师个人电子产品独家生产线,向维珍集团保证他们会安排最好的货架位置,就这样,维珍集团这项业务的分销成本为0,而且塔吉特还包销。维珍集团请一家时髦的设计用品店爱科(Ecco)来设计生产线,让一家中国制造公司来完成制造,从中维珍集团获得了丰厚的利润。这种业务没有太多的不足之处,但是获得的利润却很可观。承担这项业务风险的相关方是中国的生产商,他们必须得有足够的生产能力来保证订单的执行,塔吉特得安排足够显眼的货架帮助促进销售。为了给产品发布宣传造势,维珍集团的老总布兰森亲自出山,在纽约举行的派对上尽情地和一些穿着配有维珍电子脉冲产品图片衣服的模特共舞。维珍集团自己没有出太多的钱投资。当然,这还是典型的憨夺型投资方式在发挥作用:情况好,赢得多;情况不好,输得少。

憨夺型投资之道的另外一个例子是维珍集团在美国提供的手机服务——维珍移动。维珍移动并不是直接拥有或者运营移动电话网络。美国斯普林特(Sprint)公司提供整个终端服务和支持,以维珍移动的品牌提供服务。维珍移动服务的主要对象是青少年,提供的产品和服务也是以吸引这个群体的消费者为主,主要包括炫酷的手机和手机壳、预付电话卡以及以青少年为核心的维珍品牌。维珍移动本身的投资很低,如果运营效果不佳,几乎没有任何负面的影响。斯普林特公司提供所有的技术、账单和客户服务设施。维珍移动提供品牌和产品定位服务,并获得大部分利润。如果运营成功,维珍移动将获得难以计数的回报;如果运营不好,损失也不会太大。维珍移动业务扩张非常迅速,在不到3年的时间里获得了超过 10 亿美元的收入，为初创公司的崛起创下了新的纪录。由此可见，这还是"情况好，赢得多；情况不好，输得少"的典型的憨夺型投资模式。

1997 年，维珍团队和苏格兰皇家银行（Royal Bank of Scotland）以维珍按揭品牌"维珍一体化账户"[5]（Virgin One Account）提供创新性按揭产品。这种具有开拓性意义的按揭产品是对客户按揭贷款账户的余额减去客户手头的所有现金或者支票账户里的余额后收取利息。维珍集团没有提供任何投资，整个后台运营和支持全部是苏格兰皇家银行完成的。维珍集团只提供品牌，并提供少量的营销资金，却能获得这款产品的大部分利润。这又是一个"情况好，赢得多；情况不好，输得少"的典型的憨夺型投资模式的例子。

布兰森在英国维京群岛有自己的私人岛屿，名为内克岛（Necker Island）。[6] 这个岛屿风光迤逦，曾经是美国福克斯电视台拍摄《富贵险中求》（Rebel Billionaire）节目最后一集的外景拍摄地点。内克岛几年前的售价高达 300 万英镑。布兰森当时买入的时候出价 15 万英镑，这个价格比当时的标价低了 5%。当时很多人都笑他不自量力。没想到几个星期以后，他以 18 万英镑的价格买入。不用说，理查德爵士近年来对自己度假屋的投资堪称是憨夺的标杆。你要知道，现在内克岛可供 14 个人同时度假，每晚的价格是 3 万美元。[7]

由于理查德·布兰森所做的每一笔投资、拓展的每一笔业务都是风险最低、潜在损失最小的买卖，所以失败率对他而言根本不是什么问题。就算他投资的业务有一半失败，甚至压根儿就没有落地，他也不会损失什么。因为从一开始，他就没有投入多少钱。风险资本家应该好好研究维珍集团的模式，因为维珍的商业模式乃是未来风险资本运营模式的方向。布兰森是一个追求低风险、高回报的风险资本家。人们会不断地给他提供全新的商业创意，而他会从中挑选最有可能实现的。他在投资交易中，总能占据大量的股份，虽然他不出钱，但他会获得和投资对象五五分成的交易条件。而像维珍大西洋航空公司这样的业务，布兰森的投资根本微不足道，但他却成功地获得了100%的股权。

可以用一个词来总结布兰森的投资之道：憨夺型维珍模式。无论是帕特尔老爹，还是马尼拉尔，布兰森和他们一样，只做赢多亏少的生意。

第 4 章
Chapter 4

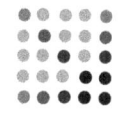

米塔尔缔造钢铁王国的憨夺法

印度与巴基斯坦接壤的地方是最多元化的省份拉贾斯坦（Rajasthan），那里有个名叫马尔瓦（Marwar）的地方。马尔瓦人在很多人眼里是憨夺艺术最佳的践行者。他们追求低风险、高回报的投资和商业之道以及为此付出的努力和艰辛，在很多方面，让帕特尔人不能望其项背。

2005年，福布斯全球富豪榜上排名第一和第二的是榜上有名多年的比尔·盖茨（Bill Gates）和沃伦·巴菲特（Warren Buffett）。排名第三的是马尔瓦企业家拉克希米·米塔尔[1]（Lakshmi Mittal）。米塔尔30年前一无所有，白手起家，如今净资产超过了200亿美元。他和比尔·盖茨同一时期出道。众所周知，比尔·盖茨投身投资回报率最高的信息技术产业。和他合作的是几个工程师，他们联合创立了MS-DOS系统、微软办公室软件，并向全球出售了数亿份。

我们来分析一下比尔·盖茨成功的原因。一份微软办公室软件Microsoft Office上传至戴尔的电脑上，每次戴尔集团在任何电脑上安装这个软件，就会往微软在华盛顿雷德蒙德（Redmond）总部的账户里支付数百美元。微软办公软件在全球发售的数量已经有数亿份，每年给微软公司带来数百亿的收入。当初研发这些软件的投资回报率不知道翻了多少倍，而今，整体的边际利润直逼100%。

米塔尔憨夺型的创业经历最与众不同的地方在于他一直以最少的资本投资于特别不景气的行业——钢铁制造。和微软公司不同，钢铁企业对成品的价格和原材料的价格都没有控制权。钢铁厂是资本密集型企业。当然这不是最让人忐忑的，员工都是工会成员，一言不合，很有可能面临罢工的风险。所有这些因素综合起来，不得不让人觉得钢铁制造绝对是个烫手的山芋。过去30多年时间里，钢铁行业一直是投资者不敢问津的地方。也难怪全球各地的钢铁企业倒闭的倒闭，关门的关门，那些留下来的都得面临强烈的生存考验。

米塔尔1976年的时候单身，在印度尼西亚一家名不见经传的钢铁厂打工。虽然他面临着生活窘迫、前途黯淡的境遇，却创造了全球利润率最高的钢铁企业王国。更重要的是，他现在的身价已经过200亿美元，而且这个数额还在不断地增长。米塔尔是怎样做到这一点的？一言以蔽之——憨夺型投资方法。

以米塔尔并购哈萨克斯坦的钢铁巨头公司卡尔梅特钢铁公司[2]（Karmet Steel Works）为例。卡尔梅特钢铁公司因为债务缠身、资金链断裂，已经停止向员工发放薪水。这家钢铁厂处在倒闭的边缘，苏联籍经理们不得不靠用工厂里的钢材给员工换取食物度日。哈萨克斯坦政府很高兴免费把这个千疮百孔的钢铁厂交给米塔尔，没有人愿意收拾这个烂摊子。米塔尔先生不仅保留了全部的员工和管理人员，还支付给他们很高的薪水。短短5年之内，在米塔尔的潜心经营下，钢铁厂创造了大量的收入。厂里的员工和镇上的人们认定米塔尔就是他们的救世主，那个救他们于水火的大恩人。[3]

罗马尼亚的塞迪科钢铁厂（Sidek Steel Plant）也是米塔尔从倒闭的边缘拯救回来的企业。1992年墨西哥政府以2.2亿美元的价格将西泊尔沙轧钢厂（Sibalsa Mill）转手给米塔尔。当年，墨西哥人花了20多亿美元的资金建造了这座工厂。以低于造价10%甚至更低的价格买入工厂，这可以说是憨夺型投资的典型。米塔尔擅长用不到1美元的价格买入价值超过1美元的物资。他就用这种低风险、高回报的精英方式构造了运转高效、盈利颇高的钢铁王国。

创立谷歌（Google）、甲骨文（Oracle）、西斯科（Cisco）和英特尔（Intel）公司的人都是才华横溢的人，但是他们也面临着企业后劲不足，无法保持高利润的情况。他们都很专注业务的经济学运作原理，希望能用投资的资本实现最大化的回报。让人称奇的是，米塔尔在面临巨大的行业衰退的压力、诸事不顺时，竟然能够获得比这些创始人创办的公司更高的盈利。憨夺型的投资风格，做事以低成本、低风险追求高回报为原则，一路推着米塔尔成为福布斯富豪榜上位居第三的全球富豪。不要忘了，排名前两位的富豪他们本身就是低风险、高回报的投资大师，他们能懂得憨夺型投资之道的妙处，自然就能好好地在投资生涯中执行这样的原则。无论你是从西雅图（Seattle）、奥马哈（Omaha）还是马尔瓦起步，你都可以用憨夺型投资原则来做生意、去投资。

马尔瓦人和他们自古以来憨夺型的生意方法有个地方值得我们注意。近年来，我曾经和一个很好的马尔瓦人用餐。我问他典型的马尔瓦人投资方式是怎样的？他不假思索地说："来自马尔瓦地区的商人，无论他受教育的程度如何，哪怕他只有小学 5 年级的文化，也会希望能在投资发生后 3 年内以分红的方式收回本金。他们希望一旦把原始的投资资本收回后，剩余的资本依然能够有他们投资的资本金额或者水平。他们希望自己的投资是几乎没有任何风险的。现在大家请看，这种经验之谈，根本不可能在哈佛大学里出售，你无法在哈佛商学院里学到这些东西。如果你简单地用一下马尔瓦公式来衡量，就会发现，投资前你一定要弄明白两件事情：

- 迅速拒绝你面前的投资要求；
- 从最低额度的投资开始，经过几十年的发展，你会变得非常有钱。

该说的都说了。

Transtech 公司的生意经验

为了更加全面地说明憨夺型投资之道，我要谈谈自己创办 Transtech 公司的经历。我创立 Transtech 公司——我的首个公司的时候，我并没有多少钱。我受雇于泰乐通信公司（Tellabs），里面的 401 k 退休金⊖固定存款账户里有 3 万美元，当时我手头的信用卡透支限额是 7 万美元。

我搜索了美国有关破产的法律，发现宣布破产并不困难。如果业务量骤降，我没有办法负担债务，我可以选个人破产，从头来过。这和帕特尔老爹当年碰到的情况一样。创业没有太多的负面影响，就算赔了，损失也不多。我辞职后，我的老板告诉我，我随时可以回归，返聘后的薪水还会提升一大截。我损失的不过是我退休账户里的 3 万美元。当时我才 25 岁，我最不用担心的问题就是耗光我退休金账户里的钱。

1990 年 2 月，我成立了 Transtech 公司，同时继续在泰乐通信公司工作。每当我接到客户的销售电话时，我会请半天假。我通常在早上 6 点 30 分到 8 点 30 分的时间在家里开工。之后去上班，晚上回家后从下午 6 点到午夜继续工作。我有薪水可以领。创业公司的开支非常有限。当我有了第一个客户，并达到每年 20 万美元的收入时，我辞职了。

⊖ 401 k 退休计划也称 401 k 条款，是美国一种由雇员、雇主共同缴费建立起来的完全基金式的养老保险制度。

回顾我当时采用的办法，这是一个零风险的办法。我所面临的最糟糕的状况无非是赔掉我退休账户里的3万美元。而创业的回报却是丰厚的，很容易就能赚回数百万美元。Visa和万事达信用卡就是我的风险投资家，给我提供了必要的资金。当时我单身，我不需要为养家糊口的问题担忧。中晚餐一个赛百味的三明治就能打发。我的生活成本非常低。

如果我继续留在泰乐通信公司，我的创业风险就会变得更大。我想如果我还待在那里，我就不得不继续在一场漫长而无聊的打工路上越走越远。如果有一天，我35岁或者45岁的时候，某天突然清醒过来，希望能创业，到时候情况就会复杂很多。因为那个时候我肯定已经有家室，妻儿得靠我的收入养活。如果我要创业，风险必然大大增强。25岁的单身汉，了无牵挂，没有风险，我能放开手去大干一场。

我的创业计划非常简单。我建立了一个以套利为基础的商业模式。公司的价值定位主要是以印度人在客户机和服务器计算方面的优势和人才来满足客户的需求，借此缓解美国中西部人才短缺的情况。我手头有10万美元的资本，当我从泰乐通信公司辞职的时候，Transtech已经开始有收入并盈利。我知道已经有了两个客户，而且创业失败的概率很低。这就是典型的憨夺型投资模式：情况好，我赚得多；情况不好，我输得少。

Transtech公司的业务有条不紊地开展，很快规模开始扩大。1996年，它名列美国发展最快的500家新兴公司。公司成立初期，并没有投入太多资金，10年后年收入超过了2000万美元，公司并没有利用任何外来资本。所有资本的扩张全部靠的是营运所得的现金流。由于我们增长的速度很快，资金一直比较紧张，因为我们要不断利用收入增长来扩大规模。1991年年末，我找到了一位杰出的银行家汤姆·哈拉兹姆（Tom Harazim），他很看好我们的公司。他帮助我偿还了所有信用卡的欠款，让我从当时非常昂贵的应收账款代理商业务中解放出来，尽快产生盈余资金，让Transtech公司在原有的应收账款基础上，大大降低了借贷的成本。

1994年，我们出售了部分固定资产，我第一次感受到了变富的感觉。2000年整个公司出售，售价高达数百万美元。我投入了3万美元，10年后，回报率翻了150倍，年化收益超过了65%。我从一个每年拿45 000美元薪水的工薪阶层变成了之后几年年薪高达30万美元的管理者。这其中的奥秘就是憨夺型投资之道——低风险、高回报。典型的"情况乐观，我就大赚；情况不好，我赔得不多"。

第 5 章
Chapter 5

憨夺型投资模式的框架

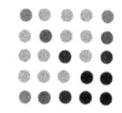

从表面看来，帕特尔老爹、马尼拉尔、米塔尔和你的创业之路各不相同，但是殊途同归。成功的创业经历有类似的原则。正是这些原则构成了憨夺型投资模式的框架。

投资现有的业务

帕特尔老爹决定创业时，他没有舍近求远、好高骛远。他没有想过要开创全新的公司。他出资购进了汽车旅馆，这个行业已经形成了比较稳定的商业模式，他可以分析漫长的旅馆经营历史为自身的发展提供经验。这比你开创一个新型公司的风险要小很多。马尼拉尔和米塔尔也是采用这种方式发家致富。

收购变化缓慢的行业中经营模式简单的企业

帕特尔老爹在20世纪70年代初到美国打拼的时候，他不太可能听说过沃伦·巴菲特这个人物。帕特尔老爹和巴菲特的出身和创业背景差异巨大，但却最终得出了相同的结论：投资变化缓慢行业中的经营模式简单的企业。

我们认为变化是投资的天敌。所以我们总是在默默寻找一成不变的业务模式。我们不想赔钱。资本主义非常残酷。我们寻求的投资领域与每个人的必需品相关。[1]

——沃伦·巴菲特

只要人们出差旅行，他们需要睡觉和吃饭的地方，市场对汽车旅馆和酒店服务的需求就会源源不断。我之前创办的 Transtech 公司是在一个瞬息万变的行业里出现的，但是它本身是一个非常简单的低科技含量企业，其核心是为客户提供服务。虽然信息技术在过去几十年里发生了巨大的变化，但是这些服务潜在的本质和经济学原理都是一样的。IBM 以技术为核心的业务变化很快，但是 IBM 的全球服务或者埃森哲咨询公司（Accenture）的业务依然保持比较稳定的状态。

在不景气的行业里对经营不善的企业进行抄底投资

不要指望出售某家公司能卖个好价格。买入价一定要够划算，就算碰上了售价不高的情况，也能赚钱。[2]

——沃伦·巴菲特

入场的战略比退出的战略更加重要。[3]

——艾迪·兰伯特（Eddie Lampert）

本书第 1 章中提到，20 世纪 70 年代初期出现了石油禁运、经济衰退、消费者随性消费支出大大减少的情况，因此高速公路旁的汽车旅馆经营举步维艰。当时人们认定汽车旅馆业再无出头之日，导致出现了汽车旅馆经常以白菜价贱卖的情况。帕特尔老爹知道他在行业低迷的时候可以以不错的价格入手。马尼拉尔也是这样，"9·11"事件爆发后，在旅游业不景气的情况下买入旅馆经营。米塔尔专门收购经济崩盘国家严重受创行业中即将破产的企业。这种不景气的现象对国家、行业和企业自身都是致命的。但对于投资者而言，却是很好的机会。难怪米塔尔现在已经跃居《福布斯》400强之一。巴菲特在21岁的时候，曾给哥伦比亚大学的一群学生上过课。他当时这样说：

> 我要告诉你怎么样致富。把门关上。当众人都处在恐慌的时候，请变得贪婪些，能投资就投资；当众人都觉得利好时，你要常怀敬畏之情，保持投资的谨慎。[4]

1952年，帕特尔老爹、马尼拉尔和米塔尔可没有走进巴菲特开展投资决策的那个房间，但他们却都无一例外地了解了什么时候买入那些近期前景黯淡的公司最合适。这些企业很有可能都不受人待见。在这种情况下，投资者可以以远远低于真实价的水平买入。没有人比米塔尔更了解其中的内情。

投资具有持久竞争优势的行业——这是最基本的保障

> 确定投资对象的关键问题不是评估行业对社会的影响力或者判断行业的增长前景，而是要确定任何给定公司的竞争优势，最重要的是这种竞争优势是可持续性的。那些具有持久竞争优势的产品和服务能给投资者带来更加丰厚的回报。[5]
>
> ——沃伦·巴菲特

帕特尔老爹一直集中精力以最低的成本来经营旅馆，他能够比同行以更低的房费来吸引顾客，并保持较高的利润率。这直接提升了客房的入住率，使得这种一夜有效的住宿服务获得了很高的利润。这种优势能够延续，帕特尔老爹经营的旅馆保持这个竞争优势长达几十年之久。只有当帕特尔人自相残杀搞窝里斗时，才有可能破坏这样的竞争优势。在美国这样的大国，小众市场容量本身就不大，帕特尔一家人也尽可能避免和同是帕特尔人开设的旅馆抢饭碗吃。

帕特尔老爹、马尼拉尔和米塔尔的持久竞争优势都是通过严格控制成本来实现的。布兰森在确定自己已经获得了广泛和深刻的竞争优势后，才会涉足这个领域。布兰森的竞争优势部分来自他不断扩展的品牌影响力，部分来自他创造了真正有创新意义的产品和服务，剩下的来自他高效的执行能力。

信息技术服务是一个不断能够产生收入的行业。与客户的关系及了解业务和系统是信息技术行业隐性的竞争优势。当一个公司更加了解客户的业务和技术基础设施时，竞争对手要取代这家公司的难度就更大了，那么这家公司就会源源不断地获得收入。巴菲特在向佛罗里达州立大学学生演讲时曾说：

> 我不想投资一个让竞争者很容易上手的业务领域。我想要投资有竞争优势的行业。我要价值连城的城堡，并邀请诚实可信、勤奋能干的公爵来管理这个城堡。在这个城堡周围，他应该能领导众人挖掘一条护城河来保护这个城堡。能充当护城河的竞争优势有很多。对于 Geico 公司而言，这条护城河就是低成本。[6]

已故的罗斯·布朗金（Rose Blumkin）女士，也就是大家心目中的 B 女士，是内布拉斯加家具卖场（Nebraska Furniture Mart，NFM）的创始人，她就是这样的一个女公爵。内布拉斯加家具卖场发展了几十年，直至今日，低成本运营依然是其取得持久成功和增长的核心。B女士并不是古吉拉特人，但可以说她是帕特尔老爹的"孪生姐姐"。

看准有利时机投大注

帕特尔老爹的商业模式是有可能失败的，但是在5年的时间里，他连续投资了两回。连续两次投资都与帕特尔老爹期望的情况相反，这样的概率微乎其微。即使他这两次投资都失利，因为他刚来美国时就是两手空空，他所能失去的也很少。社会保障体系会帮助他重整旗鼓。但是一旦他两次投资都成功，他其中一次投资成功的概率高达99%，那么他就能获得20倍以上的收益。这是典型的低风险、高回报的"憨夺型"投资模式。

沃伦·巴菲特的商业合作伙伴、美国保险公司伯克希尔－哈撒韦公司（Berkshire Hathaway）的副总裁查理·芒格使用赌马彩金下注系统（pari-mutuel betting system）作为他研究股票市场投资方法的思维模型来类比。与赌场的下注方式不同，赌马时，你的对手是其他下注者。赌马场获得赌注总额的17%作为提成。与股市相比，其摩擦性成本（frictional cost）是非常高的。芒格这样说：

对我们而言，投资行为就好比我们去和赌马彩金下注系统展开博弈。我们下注是希望有一半的概率获胜，从而赢得3倍的回报。你要寻找的就是有明显代价差异的赌博。这就是投资行为本身的含义。你得清楚赌博概率和相应的回报要远远高于你的赔率。这就是价值投资。[7]

要做赌马的常胜将军，你必须得克服下注时产生的17%的摩擦性成本。用芒格的话来说，在全额支付了下注所需的17%的摩擦性成本后，很少有人能一直靠赌马来谋生。[8] 很多人会观看所有赛马在赛场上的情景，但是未必会下注。当他们碰到了有利于他们的针对某一匹马错下注的情况，由于他们对这匹马的情况非常了解，所以他们就会在这场比赛里对这匹赛马下大注。然后，他们会回去继续观看赛马，在不确定的时候就不投注，直到他们碰到下一次胜券在握的情况，再继续投注。

这种方法和书中介绍的五位创业者采取的投资之道没有本质的区别。他们都集中资本投入最有胜算的生意中，绝大多数时间里，他们会屏息以待，或者像布兰森一样只做一些无关痛痒的投入试试运气。他们时不时会碰到完全有利于他们的情况。那就是他们及时出击、投大注的时候。

注重套利

套利通常是指利用同样或者类似的金融工具的价差，进行买进卖出的行为。比如，如果黄金在伦敦的交易价是每盎司550美元，而在纽约的交易价是每盎司560美元，套利者可以在伦敦买进，然后立即在纽约卖出，从而坐收价差带来的利润。当然，随着套利交易的进行，价差逐渐消失，那么套利的机会最终不会存在。不过套利价差较小，套利时机转瞬即逝，套利交易的风险几乎没有，套利过程中能保证自由的现金流。就像沃伦·巴菲特在哥伦比亚法学院演讲时指出的：

我母亲今天不在这里。我就实话说了吧，我一直是个套利者。[9]

每当你开展套利交易的时候,你总是能从无到有,获得不菲的利润。只要存在明显的套利价差,你可以以多种形式开展套利交易,获得的好处不言而喻。帕特尔老爹所做的也是套利交易。他的套利行为并非毫无风险,只是风险很低,而且与经典的套利交易有很多共通之处。

想象一种情况,有两个小镇,如图 5-1 所示。A 镇的人口为 4 万人,B 镇的人口为 3 万人。B 镇有个理发师在美发店里工作,这个理发师是这家美发店的全职员工。偶然间,他留意到有些来自 C 镇的顾客,C 镇离 B 镇的距离是 17 英里[⊖]。

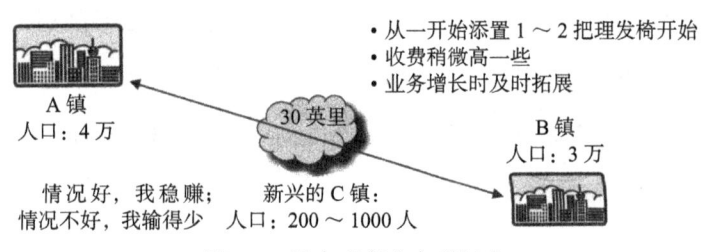

图 5-1 憨夺型商业套利行为

看起来 C 镇是一个新兴的城镇,那里的人要美发理发得驱车前往 A 镇或者 B 镇,因为 C 镇才刚新建不久,那里没有理发店。我们的理发师开始思考,从 C 镇到 B 镇来回开车得一个小时,汽车油费是 4～5 美元,还要加上汽车折旧费以及其他由此产生的机会成本。他想也许他在 C 镇开个美发店,就会有客人光顾。

这个理发师手头没钱,所以他前往 C 镇,找了一间破旧的门市房。他从房客那里转租过来,租金每月交付,并添置了理发店的常用设备和物品——一把理发椅。他在理发店外面放了一块自制的牌匾,然后就

⊖ 17 英里约为 27 公里。

开业了。他计算了一下对此投资需要的费用比较低，如果这间在 C 镇的理发店生意很不好，他可以回到 B 镇的理发店继续工作，这期间也不会赔多少钱。他还把原来的全职工作变成兼职工作，当他有了稳定的客源时，他才会辞去在原来理发店中的工作。如果这个理发店的生意很好，他就可以自己当老板，有自己的一点小营生。

人有思维定势和行为惯性。我们每天刮胡子，总是从某一侧脸开始。我们梳头的方式一成不变。我们也不会一个月就更换一次理发师。一旦这个理发师在 C 镇上设立了理发店，他就会有回头客和稳定的收入。他的美发技巧甚至可以不用最卓越，和其他城镇的理发店相比，他甚至可以收取更高的费用，很多人还是会去他那里去理发美发，就为了节省时间。渐渐地，这家从破旧的门市房改装的只有一把理发椅的理发店生意红火起来，来这里消费的顾客人数也越来越多。他添置了新的设备，改善了店里的环境，雇用了一名理发师，然后开始扩展业务。理发店开业后几个星期，生意已经变得非常繁忙。一两个月后，他辞职了。也许理发师本人并没有意识到他其实做的就是套利交易。

这其中的利差在于这间理发店和竞争对手的距离有 17 英里。只要这样的利差存在，C 镇也在欣欣向荣地发展，理发师就能保证这家新开的理发店有不断增长的收入，哪怕这个理发师收费更高，或者提供的服务比其他理发店差，也是如此。

像所有的套利交易一样，随着时间的流逝，利差最终会消失。理发店开得越来越多，C 镇最终拥有了与 A 镇和 B 镇相同数量的理发店。当然，利差的消失需要花费数年时间。同时，我们的理发师已经获得了超高的利润，并培养了一大批忠实的客户。他可能得降价，迫于竞争的压力，他也得提升服务，不能和市场平均水平差太多。然后，他现在已经创立了品牌，很多顾客习惯了每个月去他们家一次，不会随便选择其他便宜的理发店。虽然利差不复存在，理发师也无法获得超高的利润，但是品牌效应和忠实的客户群会让这个理发师在未来数年内保持盈利的状态。理发师在 C 镇开的理发店生意就和之前他在 B 镇工作时的理发店一样。理发师的原始投入带来了巨大的回报，这与本书前面提及的 5 位憨夺型创业者一样。这个理发师也做了一笔低风险、高成本的投资。

帕特尔老爹和马尼拉尔的套利交易类似。他们买进汽车旅馆的时候，运营成本在骤跌。他们严格控制成本，房间标价很低，吸引了大量顾客入住，保证了较高的入住率。低成本、高入住率让他们获得了和其他汽车旅馆相比较大的利差。除非有另外一个帕特尔人进入汽车旅馆行业经营，否则他们的竞争优势很难被打破。而等新的帕特尔人来竞争，恐怕要到 15～20 年后了。

典型的帕特尔人可不笨。他会保证自己对旅馆的所有权，尽可能避免与同乡直接竞争。这样套利的利差就能保持一段时间。虽然最终利差会消失，但那至少是几十年以后的事情了。帕特尔老爹和马尼拉尔能利用这种套利利差做生意长达几十年。

布兰森的套利体现在他涉足新行业时提出的具有创新意义的做法。虽然这些创意最终都会有模仿者，竞争优势会减少，利差也会最终消失。但是等到那一刻到来时，起码要过十几二十年。

米塔尔抄底买入很多工厂，精简运营和生产过程，他就获得了难以破除的低成本生产商竞争优势。多年来，他一直在开发其他竞争优势——在全球范围内开展对劳动力、原材料、能源买入价以及产品卖出价的套利交易。由于他的工厂遍布全球各地，他可以按照地区特点来优化生产制造的钢材种类和质量，从而最大化自己具备的竞争优势。现在，米塔尔钢铁王国巨大的规模和品牌优势是他所具备的第三大优势。他的产能允许他在客户和供应商方面，相比竞争者有更大的议价空间，这将进一步拉低他的生产成本。

买入以远低于内在价值折价出售的企业

帕特尔老爹阅读本杰明·格雷厄姆（Benjamin Graham）所写的《聪明的投资人》[10]（*The Intelligent Investor*）的概率不高，甚至没有听说过格雷厄姆的安全边际这一概念。但是帕特尔老爹深刻理解了在做投资决定和分析回报潜力前，一定要先降低其可能面临的风险。如果你以远低于内在价值折价买进某项资产，即使这项资产将来带来的回报不高，也不可能让你遭受巨大的损失。帕特尔老爹就是这样做的。帕特尔老爹在买入汽车旅馆的时候，有着较大的安全边际。本杰明·格雷厄姆认为：

安全边际的功能从本质上来讲，是对未来做出精准的但非必要的预估。[11]

寻找风险低、不确定性高的业务

帕特尔老爹买入汽车旅馆，并没有承担较大的风险，但是结果如何却很难确定。如果汽油价格居高不下或者经济衰退一直持续怎么办？即使情况如此，帕特尔老爹的汽车旅馆的房费依然是最便宜的。这些旅馆还是能比同行要价更低、入住率更高。哪怕整个经济和行情都很差，他们仍然可以过着比较殷实的生活。而经济复苏后，油价不算太贵时，帕特尔老爹将在汽车旅馆行业中一路扶摇直上。他在投资汽车旅馆这件事情上，风险很低，不确定性很高。

低风险和高不确定性对投资者而言是最佳拍档。企业股价会因为这两个因素暴跌，尤其在与赌马彩金下注系统类似的股市上更是如此。追求低风险、高收益的憨夺型企业家首先会关注如何降低投资的风险。所谓的低风险，就是失利概率小的情况。不确定性很高的情况，可以采取保守的态度来遏制事态朝着不利于自己的局面发展。最终又回归到憨夺型投资的经典思路：情况好，我赚得多；情况不好，我赔得少。

模仿好过创新

最先来美国创业的帕特尔人为成千上万的后来者铺平了道路。帕特尔老爹看到之前一些帕特尔人投资经营汽车旅馆。在和先驱者交谈后，这种显而易见能够盈利的经营模式在他脑海里变得更加清晰。他没有想方设法去成就全无古人的大事，而是沿着前辈的足迹向前。成千上万的后来者也没有创新，马尼拉尔也没有做什么完全新鲜的大事。我从我在泰乐通信公司的老板那里学到了一些，然后开创了Transtech公司。知道这种想法的人很多，只有我很感兴趣，并实践拓展了这种观点。创新是有风险的事业，但是将现有的观点付诸实践，相对而言风险会更低，带来高回报的概率就更高。

这就是憨夺型投资模式的框架，具体如下：

（1）投资现有的业务

（2）收购变化缓慢的行业中经营模式简单的企业

（3）在不景气的行业里对经营不善的企业进行抄底投资

（4）投资具有持久竞争优势的行业

（5）看准有利时机投大注

（6）注重套利

（7）买入以远低于内在价值折价出售的企业

（8）寻找风险低、不确定性高的业务

（9）模仿好过创新

第 6 章
Chapter 6

憨夺型投资法则 101：投资现有的业务

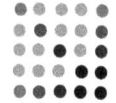

现在可供投资的资产种类不计其数，包括定期存款、美国国库券、债券、股票、房地产、私营企业、黄金、白银、铂金、石油远期等。回顾过去100多年的股票指数和股票投资收益，可以发现股票收益明显比其他可投资的资产类型收益表现要好很多。这足以表明长期来看，普通股票投资是比较可取的投资对象。我们现在来分析一下名为"股票市场"这一伟大的人类杰作。

人类在地球存在已经超过5万年，而人与人之间的资产买卖活动是几千年前才开始兴起的。1790年在费城成立了首个股票交易市场，之后于1792年成立了纽约证券交易所。[1] 很多人认为，股票不过是一张神秘的纸，其价格会不断地波动。这是人们对股票的一种看法。本杰明·格雷厄姆认为股票代表了企业的所有者权益。帕特尔老爹的汽车旅馆并没有上市。如果你能购买这家旅馆的权益，你和帕特尔老爹就成了合伙人。当汽车旅馆的盈利丰厚，你也会和帕特尔老爹一样从中获益。

相比出让收购整个企业，股票交易有六大明显的优势。

（1）当你收购整个企业时，一如帕特尔老爹收购整个旅馆，你需要劳心费力，保证长久的投入。你本人要参与经营，或者你雇用有资质的人来经营。这可不是什么轻松的任务。帕特尔老爹做得很好，不过这可是他们一家老小苦心打理旅馆生意多年的成果。

（2）购买股票，相当于你在现有某家公司里获得了所有权，你也因此具备了一大优势——公司本身已有自己的员工团队和一套经营模式。你可以在不用额外投入精力的条件下坐享其成。股票市场的存在让投资者拥有多家公司的股票成为常态，股票种类和持有的时间，全部在投资者的掌控之中。股票的变现特征，方便投资者随时买入卖出股票。股票市场绝对是人类文明发展的一大进步，这台比其他很多资产更加优越的财富机器使用方便，操作成本低廉。帕特尔老爹投资旅馆生意可没有这些好处。我们有权自己操控股票市场的交易，意味着我们比他有更加优越的投资渠道。当然，关键的一点是我们必须学会用强大的憨夺型投资模式创造财富。

（3）当人们收购或者出让整个企业的时候，双方对企业资产的价值都有理性的估计，因而能够达成比较合理的成交价格。有时候在这类交易的过程中，如果企业经营不善或者行业不景气，那么买方就会像帕特尔老爹那样以远低于价值的价格买入，但不是所有人都能碰到这种一反常态的情况。卖方通常要在有利于自己的时机和价位上出让企业。因此，通常情况下，最终的成交价比较公平，甚至是朝着卖方倾斜的。

股票市场和赌马彩金下注系统的运行类似，价格是由拍卖过程决定的。和赌马一样，拍马过程偶尔会导致某些股票代表的企业的本身价值和股票的市场报价的差距偏大。当情况有利于我们时，通过偶尔出手投资，我们就能获得很不错的回报。查理·芒格曾说：

如果你停下来思考一下，赌马彩金下注系统就像个市场一样。每个人都去下注投资，投资对象发生变化，赚钱的概率就会发生变化。这就是股票市场的情况。[2]

（4）收购整个企业，哪怕是附近的加油站或者干洗店，都需要很多资本。股市里的投资，好就好在你能用现钱来投资公司未来的前景。用很少的一点资金起步，经过几年的投资，能够逐渐增加自己手头的资本，这就是股票投资的一大优势。

（5）美国有成千上万个上市公司。只要点击几下鼠标，就能顺利地购买任何一家上市公司的股票。你还可以轻而易举地购买其他国家公司的股票。据我估计，个人散户可以通过经纪人账户轻易购买全球十万个公司的股票。你可以想想在你家附近方圆25英里⊖的范围内有多少家私营企业在售。这根本没法比较。

（6）在赌马赛场上，赌场所有人从下注金额中提取17%，也就是摩擦成本很高。当你购买小型的私有置业时，买卖双方之间的交易成本通常是售价的5%和10%，当然这还不包括为达成交易投入的时间和精力。你可以以不到10美元的价格买入上市公司的股票。以10万美元的投资组合来算，即使交易非常活跃，每年有50次之多，摩擦成本也只有0.5%。而且随着时间的推移和投资组合价格的提升，摩擦成本还会不断下降。

拥有某些企业的所有权是创造财富最好的办法。无须你持续投入时间和精力，反而还有最广泛的选择权，摩擦成本很低，购买一些上市企业的股票，显然是低风险、高回报的憨夺型投资模式。

⊖ 25英里约为40公里。

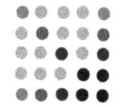

第 7 章
Chapter 7

憨夺型投资法则 102：投资经营模式简单的企业

买进企业的股份有明显的优势,但是在购买股票之前,我们必须得了解其内在价值。我们如何确定特定的买入价是划算的交易呢?企业的内在价值是多少?是否有通用的公式?我们如何找到这些问题的答案?

每个企业都有其内在价值,可以用同样简单的公式计算出来。约翰·伯尔·威廉姆斯(John Burr Williams)最先在1938年出版的《投资价值理论》[1](*The Theory of Investment Value*)提出了这个概念。按照威廉姆斯的观点,任何企业的内在价值都是由现金流入量和流出量按照一定的利息率折现后确定的。这个定义非常简单。

为了说明这一点,我们先来设想一下,2006年年底,附近有一家加油站要转让,老板给出的售价是500 000美元。我们假定这个加油站10年后可以卖出400 000美元。这家加油站的自由现金流,即在加油站的经营中可供支配的现金,未来10年时间是每年100 000美元。假如我们有另外一种奉献较低的投资对象,其年化回报是10%。我们是收购加油站好,还是选择稳赚年化收益10%的投资对象呢?

我们用美国得州仪器公司(Texas Instrument)BA-35计算器为例来进行折现现金流的计算。你可以使用Excel软件进行。如表7-1显示,加油站的内在价值是775 000美元。

表7-1 加油站的折现现金流分析

(单位:美元)

年份	自由现金流	未来现金流的现值
2007	10 000	90 909
2008	10 000	82 645
2009	10 000	75 131
2010	10 000	68 301
2011	10 000	62 092
2012	10 000	56 447

(续)

年份	自由现金流	未来现金流的现值
2013	10 000	51 315
2014	10 000	46 650
2015	10 000	42 410
2016	10 000	38 554
2017	售价 400 000	154 217
总价		768 617

我们可以以 500 000 美元来购买，也就是说我们可以以低于其内在价值 1/3 的价格水平购买。如果我们对这项低风险的、年化收益 10% 的投资对象进行折现现金流分线，我们可以看到如表 7-2 显示的数据。

表 7-2 年化收益为 10% 的投资对象折现现金流分析

(单位：美元)

年份	自由现金流	未来现金流的现值
2007	50 000	45 454
2008	50 000	41 322
2009	50 000	37 566
2010	50 000	34 151
2011	50 000	31 046
2012	50 000	28 224
2013	50 000	25 658
2014	50 000	23 325
2015	50 000	21 205
2016	50 000	17 277
2017	回收资本 500 000	192 772
总价		500 000

我们发现了特定企业价格和内在价值之间巨大的差异后，这种差异就是有利于我们的投资条件。我们可以出手收购这个企业。我们以著名的零售企业——Bed Bath and Beyond（BBBY）家居用品公司为例。老实说，我从来没有分析过 BBBY 家居用品公司。几年来，我曾去这家

公司买东西，整体的购物体验很好。

我在写本书的时候，BBBY的股价是每股36美元，市值为107亿美元。我们知道BBBY家居用品公司的转售价是107亿美元。BBBY家居用品公司的内在价值是多少？

我们来看雅虎财经上BBBY家居用品公司的一些数据。截至2005年2月28日，BBBY家居用品公司这个年度的净收入是5.05亿美元。该年度的资本支出是1.91亿美元，减值9900万美元。当期自由现金流是4.13亿美元。

看起来BBBY家居用品公司的收入增长了15%～20%，净收入一年增加了25%～30%。2005年，该公司的资本开支增加。我们假设该公司未来3年的自由现金流的年增长率为30%，之后3年的自由现金流增长率是15%，第7年的自由现金流的年增长率是10%。另外，我们假设第7年的售价是自由现金流和额外资本总和的10～15倍。BBBY家居用品公司当前持有的盈余现金是8.5亿美元（见表7-3）。

表7-3 年化收益为10%的投资对象折现现金流分析

年份	自由现金流（单位：美元）	未来现金流的现值（单位：百万美元）
盈余现金		850
2006	523	475
2007	679	561
2008	883	663
2009	1 016	693
2010	1 168	725
2011	1 343	758
2012	1 478	758
2013	1 625	758
2014	1 787	758
2015	1 967	758
2016	售价 29 500	11 373
总价		19 130

因此，BBBY家居用品公司的内在价值约为190亿美元，却可以以107亿美元的价格买入。我可以说，这绝对是非常划算的交易。但是我们假设的是比较极端的情况。我们假设企业的经营管理过程不出任何差错，消费者行为不会变化，企业多年来增加收入和现金流的能力一路提升。如果我们的假设情况比较保守，会怎么样？我们可以在保守的假设条件下再次进行估算。公司目前还没有发布截至2006年2月28日年度的财务报告数据，现在已经有了9个月的数据（截至2005年11月之前）。我们可以比较一下2005年11月和2004年11月的数据。从2014年11月开始到2005年11月，已经发布了9个月的单月收入数据，分别是37亿美元和41亿美元。收益也从3.24亿美元增加到3.75亿美元。由此可见，顶线的年增长率只有10%，底线的年增长率大约是15%～16%。如果底线年增长率降低1%，那么10年间，底线年增长率从15%降低到5%，其最终的售价是2015年自由现金流的10倍，那么BBBY家居用品公司的内在价值则如表7-4所示。

表7-4 BBBY保守的贴现现金流分析

年份	自由现金流（单位：美元）	未来现金流的现值（单位：百万美元）
盈余现金		850
2006	469	426
2007	535	442
2008	604	454
2009	680	464
2010	751	466
2011	827	467
2012	901	462
2013	973	454
2014	1 041	442
2015	1 103	425
2016	售价 11 030	4 252
总价		9 604

这样一来，BBBY家居用品公司的内在价值就是96亿美元，当前的市值是107亿美元。如果我们收购了BBBY，获得的年化收益低于10%。如果我们投资了低风险的资产类型，我们可以获得10%，收购BBBY家居用品公司，绝对不是一笔划算的交易。BBBY家居用品公司真实的内在价值是多少？我想应该是在8亿美元到180亿美元之间。我这样算还没有考虑股权授予造成的股权稀释问题，这将进一步降低BBBY家居的内在价值。

对于当目标价在110亿美元而内在价值在8亿～180亿美元的投资，我并没有多大热情。没有什么上涨而且没有一个相当不错的达到10%的年化收益，对我而言，这是个很简单的决定。

我们现在可能有些跑题了。我给大家算这笔账的目的不是为了弄清楚是否该投资BBBY的股票，而只是为了表明虽然约翰·伯尔·威廉姆斯针对内在价值的定义比较简单，但是要计算特定公司股票的内在价值却并不容易。我把BBBY家居用品公司简单地当作技术含量低的企业。尽管如此，我们对于内在估值也有了比较大的区间。

如果我们要分析像谷歌这样的公司，情况就会变得非常复杂。谷歌近几年的收入和现金流急剧扩张。如果我们推断未来的情况，谷歌公司的股价肯定要比其内在价值低，假设该公司的增长放缓，其核心的搜索引擎业务垄断地位受到微软或者其他新兴企业的挑战，那么情况就会大不相同。在这种情况下，谷歌目前的市值也是其内在价值的若干倍。

对付这种两难局面的憨夺型投资模式非常简单：只投资简单的企业，按照保守估算，这些企业未来的现金流很容易预测。什么样的企业经营模式较为简单？仁者见仁，智者见智。

帕特尔老爹购买了经营模式简单易懂的汽车旅馆。这种经营模式历史悠久，收入、现金流和利润率数据比较丰富，可供帕特尔老爹去分析。从这组数据来看，旅馆未来的经营和对应的现金流不可能有很大的不确定性。帕特尔老爹知道未来可能发生的设施维护和保养情况，按照历史的数据和旅馆的情况，帕特尔老爹很容易明白对应的资本花费是多少。

简约是非常有利的竞争优势。亨利·梭罗（Henry Thoreau）早早就意识到这一点，他曾说："我们的生活因为太多的琐事而纷扰不断……简单点，再简单点。"爱因斯坦也意识到简洁的力量，这是他在物理学领域取得突破的关键。他留意到不断上升的五个智力水平。"聪明、睿智、有才、天才、简洁。"对爱因斯坦来说，简洁是智力的最高境界。沃伦·巴菲特的投资风格也是以简洁著称。像爱因斯坦和巴菲特这样的例子告诉我们，谁能领悟并实践简洁的原则，谁就能成功。而 $E=mc^2$ 的公式体现的就是简洁和优雅的力量。

憨夺型投资交易的方式非常简单，其力量却非常强大。如本书第 15 章中描述的，购买了股票后，我们会变得更加举棋不定。为了打赢这场心理战，最有效的武器就是买进经营模式简单的企业，我会说服自己为何这样做赚钱的概率更高，一下子赔很多钱的概率会很低。我甚至把整个论证过程写下来。如果这个论证过程一个自然段都写不完，那么这笔投资就会出现问题。如果要我打开 Excel 表格，进行一连串数字的验证，那么这绝对是对我的投资想法亮红灯的时候。这正好说明了也许我压根儿就不应该投资。

第 8 章
Chapter 8

憨夺型投资法则 201：投资低迷行业里遭遇困境的企业

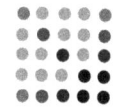

有效市场理论家告诉我们有关上市公司的所有已知信息都可以反映在它们的股票价格中。因此，他们宣称担任股票分析师并试图明确一个企业的内在价值，从中获利的空间很小。有了摩擦成本的存在，有效市场理论家认为股票定价不仅是一个零和博弈，更是一个负和博弈。巴菲特先生对他们的回复如下：

如果市场都是有效的，我宁愿拿着一个罐子去街上乞讨。[1]

如果市场里的投资者都坚信市场的有效性，那么他们开展的投资行为无异于告诉一群玩桥牌的人说，他们不看牌也照样能赢。[2]

成千上万的学生从商学院里学到投资根本不需要思考，这对我是好消息。[3]

目前开设的金融课程只能帮助你取得很一般的投资成绩。[4]

巴菲特先生已经有 56 年精挑细选股票进行投资的历史。漫长的投资生涯为他创造了超过 400 亿美元的身家财富。虽然我同意有效市场理论，通常情况下，股价能够反映公司的基本面情况。要分析绝大多数企业股票价格和内在价值之间的差异简直是浪费时间。市场多数情况下是有效的。但是，通常情况下有效和完全有效是两个概念。正是这一重要的区别说明了巴菲特不可能当乞丐。

1988 年巴菲特在《致伯克希尔 – 哈撒韦公司股东的公开信》(*Letter to Shareholders of Berkshire Hathaway*)[5] 中对有效市场理论有一段精彩的陈述。我强烈建议大家去读一读。所有的股东信件都在伯克希尔 – 哈撒韦公司的网站上存档，里面包含了无限的投资机会。有关有效市场理论，巴菲特是这样说的：

在正确地认定市场经常有效后,（学术界和华尔街的投资人士）错误地得出市场永远都是有效的结论。市场经常有效和永远有效之间有着天壤之别。[6]

市场不可能完全有效，因为人类控制着买卖关系确定的定价机制。人类会在极端恐惧和极端贪婪这两种情绪之间摇摆不定。当集体极端恐惧出现时，资产的定价就会低于其内在价值；当集体极端贪婪出现时，资产的定价就会高于其内在价值。

如果公司所有者对公司未来抱着非常悲观的态度，为恐惧左右时，他会决定出售股权，他通常需要好几个月才能把手头的股权出让。同时，造成恐惧的情况有可能缓和，或者更有可能经过理性思考，他会重新审视自己的决定。就股票市场而言，对前景不看好的散户会有可能在几分钟内抛售手头的所有股票。因此，股价的波动比股票内在价值的波动要更加剧烈。相比收购整个公司，人类的心理会对股票市场交易行为的影响更大。

"市场先生"一词源自本杰明·格雷厄姆的创造。他以股票为生，交易非常活跃，情绪也很多变。[7]每秒钟他都会买进卖出几千家公司的股票。市场先生决定交易的股票价格不是基于公司的内在价值，而是在于他的心情。心情不同，立刻会导致股价的波动。

市场先生的彩金下注系统定价方法其实与转让企业的定价方法有巨大的差异。由于数千只股票一直在快速交易，市面上会时不时传出几只股票的负面消息。这往往导致了股民的极度恐惧和这些股票的抛售狂潮。只要有股票的抛售，在交易的另一端，就有买手在积极买进。这个买手和卖家一样也在密切关注这些负面信息。因此，能让股票成功交易的唯一条件是买手能够抄底买进，卖家以极低价抛售。

帕特尔老爹、马尼拉尔和米塔尔都是靠在行业低迷的时候以低价收购企业而发家致富的。他们通常是在整个行业遭遇前所未有的困境时出手。比如"9·11"事件后，整个汽车旅馆业都很萧条；20世纪八九十年代钢铁行业出现了企业倒闭狂潮。在股票市场投资，相比帕特尔老爹、马尼拉尔和米塔尔低价收购企业，有着明显的优势——我们的选择余地更大。股市上有成千上万只股票，股价整天都在不停地波动。我们需要做的就是筛选企业。首先我们了解这些企业，另外这些企业目前处于低迷状态。

我们如何确定哪些企业和行业处于低潮？有很多种方法，我们在这里先介绍六种。

（1）如果你每天都有阅读财经新闻的习惯，你会发现很多有关上市企业的信息。很多这些新闻报道反映了特定行业或者企业的负面信息。比如，并购狂人丹尼斯·科兹洛夫斯基（Dennis Kozlowski）爆出丑闻后，美国泰科（Tyco）的股价大跌。玛莎·斯图尔特（Martha Stewart）入狱的消息一旦传开，她所在的公司股价一落千丈。近来，斯皮策（Spitzer）和布洛克税务公司（H & R Block）之间的纠葛，让股民的信心大大受挫，股价跌势凌烈。这些都是财经新闻的头条。

（2）《价值线》（*Value Line*）每周都会发布一期过去13个星期里股票价格跌幅最大的简讯，名列其中的股票可谓是低迷公司的集锦，每次发布40家公司的名单，这些公司在短短3个月的时间里经历了从

20%～70%不等的股价跌幅，跌幅最大的企业很有可能就是最不景气的企业，同时发布的信息还包括同期市盈率最低、面值贬值最大、收益最高的企业名录等。并非所有榜上有名的企业都病入膏肓，但是如果企业交易的市盈率达到3，那么它就值得我们进一步分析和观察。

（3）《投资组合播报》（Portfolio Reports）（见 www.portfolioreports.com）每月会出一份报告，其中披露了80位最负盛名的价值经理最青睐的十大股票名称。该份报告的信息源是各种不同依法需要公开的机构投资者公报等。《投资组合播报》阐明了很多知名投资者的收购规律，包括包普斯特集团（Baupost Group）的塞思·卡拉曼（Seth Klarman）、GEICO保险公司的娄·辛普森（Lou Simpson）、第三大道价值基金（Third Avenue）的马蒂·惠特曼（Marty Whitman）、坎迪尔集团（Cundill Prize Group）的彼得·坎迪尔（Peter Cundill）、倍思资金管理公司（Private Capital Management Company）的布鲁斯·谢尔曼（Bruce Sherman），还有沃伦·巴菲特，等等。这些管理者并非完全关注股价暴跌的企业，他们也注重价值投资。低迷时期的抄底行为是价值投资的一部分，因此他们的投资行为有相当一部分是针对低迷行业和企业的。

（4）如果你不想出钱订阅《投资组合播报》，你可以直接通过查阅机构投资者发布的公报，比如《美国证监会表13-F》（SEC Form 13-F）。这些信息你可以通过 EDGAR 查阅（见 http://access.edgar-online.com）。当然纳斯达克也能提供很多综合财务报表。要获得这些信息，你可以登录 www.nasdaq.com 的主页，输入任何你认定价值投资大师持有的企业的股票代码。我知道第三大道价值基金的马蒂·惠特曼多年来一直持有特洪牧场公司（Tejon Ranch）的股票。所以你可以在纳斯达克官网首页输入TRC，并点击"InfoQuotes"（报价查询），然后点击"Holdings/Insiders"（内部交易者持有），再点击"Total Number of Holders"（持有者总数）。接着可以点击"Third Avenue Management"（第三大道管理），你就能获得第三大道基金在美国股票市场持有的所有股票信息。你还可以在谷歌搜索引擎中查找你需要的股票代码。比如，如果我在谷歌搜索引擎框中输入"Longleaf 13F"，我就能获得相关的很多股票持有的信息。我可以在纳斯达克网站使用某一个股票代码搜到其在美国所有的股票持有信息。

（5）可以登录价值投资者俱乐部VIC的官网www.valueinvestorsclub.com。这个网站是由戈坦资本公司（Gotham Capital）的乔尔·格林布拉特（Joel Greenblatt）创办运营的。格林布拉特可以说是过去20年来全世界非杠杆投资表现最好的人，复合年化收益率达到40%。我们会在本书后面进一步探讨格林布拉特和他的憨夺型投资方法。价值投资者俱乐部有250多名成员，每个人都通过提出绝佳的投资观点来通过会员资格验证。这些会员每年至少要为价值投资者俱乐部贡献两个观点。这些投资观点都要经过同行的评定。如果某个成员提供不合格的投资观点，很有可能因此失去会员资格，而由价值投资者俱乐部管理委员会投票确定的最佳投资观点将获得5000美元的奖励。获得价值投资者俱乐部会员资格最大的收益是能实时获得最先进的投资理念。但是，普通的投资人也可以作为访客在投资观点发布后两个月内查阅这些信息。通过价值投资者俱乐部网站能够查阅很多有关低迷行业和企业的信息。从评级最高的投资观点开始一直朝下查阅信息。

（6）最后，你还可以阅读乔尔·格林布拉特撰写的《赢得市场手册》（*The Little Book That Beats the Market*）。读完这本书后，你可以登录 www.magicformulainvesting.com 网站。像《投资组合播报》和价值投资者俱乐部网站一样，该网站上显示的企业并非都是陷入低潮的企业，但是很多都是不被看好的企业。我们本书后面也会讨论这个网站的信息。

除了上述这些渠道获得的企业信息外，还有很多其他渠道帮助我们找到低迷企业的股票，选定潜在的投资对象。我们如何知道这些企业？恐怕没有很好的方法。我们只能通过排除法，先排除那些经营模式复杂或者我们完全无法理解其经营模式和范围的企业，然后我们就会拿到一部分经营模式简单、熟悉的低迷企业名单。现在，我们可以使用憨夺型投资模式进一步进行筛选。

第 9 章
Chapter 9

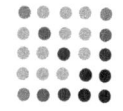

憨夺型投资法则 202：
投资具有持久竞争优势的行业

我们在理发师套利的例子中知道，一开始这个理发师新开的理发店在镇上是独一无二的。因此，他能比附近镇上理发店收取更高的服务费，从而获得超额的利润。资本主义是贪念驱动的经济体制。当其他镇的理发师得到了风声，也发现了C镇上的商机时，他们会蜂拥而至，理发店就会像雨后春笋一样冒出来。随着时间的推移，C镇整体的理发服务定价和A镇、B镇的理发服务费定价别无二致。

投资者会竭尽全力利用一切商机来获得超额的利润。令人讽刺的事情是在追逐最佳利润的同时，他们也扼杀了产生超额利润的源泉。但是懂行、有秘诀的人总能时不时地抓住投资机会获取超额利润。以我最喜爱的一家饭店——小辣椒（Chipotle）为例。我每次去的时候，门口总是排着长长的队。虽然南加州有很多墨西哥风味的餐馆，虽然那里人满为患，但我总是喜欢去小辣椒用餐。为什么？原因有很多：那里的食材新鲜，菜肴味道鲜美，环境别致，顾客可以随心所欲地添加调料的种类和数量。

所有其他墨西哥风味的餐馆和快餐店都知道小辣椒人气爆棚。他们讨厌这一点，也希望能做点什么和小辣椒一较高下。但是他们不能，至少和小辣椒拼人气、拼实力不容易。要复制小辣椒这种模式可不简单。我敢肯定已经有很多人尝试过，最终可能会有人成功，但是这可能需要好几年时间，届时小辣椒可能已经又发展到一个新的规模和水平了。当更多的人入行竞争，他们可能会从其他饭店抢走顾客，但是很难从小辣椒手里抢走客人。

从一开始到现在经历了13年时间的发展，小辣椒目前在美国已经开了500家分店。以现在的发展势头，他们还可以增长10倍甚至更多的规模，更不用说其海外前景。小辣椒有持久的竞争优势，这些竞争优势让顾客越来越喜欢它，因此让顾客排队等一会儿也没有关系。这种竞争优势让小辣椒具备一种获取超额利润的能力。我可以乐观地说，小辣椒可以在未来10年甚至更长的时间里保持这样高的利润率。

我们身边有很多具有持久竞争力的企业，美国运通（American Express）、可口可乐（Coco-Cola）、布洛克、花旗集团（CitiGroup）、宝马（BMW）、哈雷戴维森（Harley-Davidson）、WD-40集团、纳贝斯克的奥利奥饼干（Nabisco's Oreo Cookies）等。当然，也有很多企业并没有（可持续性的）竞争优势，如达美航空（Delta Airlines）、通用汽车（General Motors）、固铂轮胎（Cooper Tires）、大英百科全书（Encyclopedia Britannica）出版公司、Gateway计算机公司（Gateway Computers）等。

有时候，竞争优势是隐性的。看一下美国特索罗石油公司（Tesoro Corporation），该企业身处炼油业。特索罗无法控制主要的原材料、原有价格，也无法控制主要的成品汽油的价格。尽管如此，这家公司拥有自己的优势。特索罗的炼油产业主要是在美国的西海岸和夏威夷。在西海岸炼油是一项具有持有竞争优势的事业。过去20年里，美国还没有出现新的炼油厂。这段时间，美国的炼油厂从220家减少到150家，但这段时间每年对油的需求年增长率是2%。普通的美国炼油厂运营，其产能超过了90%。每当碰到用油需求量上涨的时候，炼油企业的利润率就会不断升级，主要是因为产能不足。

由于加州和夏威夷的环境保护法规非常严苛，因此对新成立企业的要求条件很高，从而西海岸现有的炼油厂具备无可比拟的竞争优势。在美国西海岸和夏威夷炼油所获得的利润要比在其他地方获得的利润高很多。得克萨斯州的炼油厂无法满足加州市场的需求，加州所需要的油量通常由加州的炼油厂来供应。特索罗在加州开炼油厂，就占了地域的优势，而且拥有广大的市场。对于绝大多数企业而言，具备的多种竞争优势通常是隐性的或者不确定的，需要我们进一步挖掘来找到真正的持久性竞争优势。

我们如何知道一家企业有其隐性的竞争优势，如何确定这些竞争优势呢？通过查阅其财务报表，通常能够看出点端倪。拥有持久竞争优势的企业，就像那个在C镇上开理发店的理发师一样，能够从投资的资本中获得较高的回报。资产负债表能够告诉我们企业使用的资本。收益和现金流量表能够表明这些资本带来的回报。所以如果一家小辣椒饭店的开店成本是70万美元，每年能产生25万美元的自由现金流，这就是效益非常好的饭店。开展连锁经营后，小辣椒投资资本的回报率会呈现指数增长。

各国各朝各代的君王都是通过不断地加宽、加深护城河来保卫城堡的安全。同时，入侵者也在不断试图破坏和攻破这些护城河。他们不断改进各种装备、武器和技术，不断扩充军队，从而来攻占这些价值连城的城堡。但自然规律是不管如何严防死守，也不管护城河有多宽、多深，不管护城河里有多少鲨鱼或者鳄鱼，最终都会落在入侵者手中，改朝换代不可避免。纵观人类历史，每个伟大的文明和王国最终都无法摆脱没落的命运。

刚才提到的那些不具备（持久性）竞争优势的企业，如达美航空、通用汽车和Gateway计算机公司都曾经风靡一时，有最让人羡慕的竞争优势，就像那些曾经辉煌的王国和朝代一样，他们也都曾用各种措施来加固城堡的防范，但最终却都被敌人打败。查理·芒格这样评价这一现象：

1911年纽约证券交易所上最重要的50只股票中，今天只有通用电气（General Electric）一家企业还在营业。这就是竞争破坏力的作用。长期来看，历史表明任何企业想要按照企业主希望的样子生存下去、长生不老，这样的概率很小。[1]

世界上没有什么永恒的竞争优势，哪怕当下这些如日中天的企业——eBay、谷歌、微软、丰田和美国运通等，最终都会没落，直至消亡。有些企业具备更持久的竞争优势来保护自己，美国富国银行集团（Wells Fargo）和美国运通公司都是150多年前成立的，两家公司依然保持良好的竞争态势。让人惊讶的是，尽管这两家公司的营业范围相差甚远，但它们却是同一个人创办的，他就是亨利·威尔斯（Henry Wells）。

这里就出现了一个难题。100年前，你在选股投资的时候，是不可能单单挑中这两家公司的。即使你认为自己挑中了当时最有前景的蓝筹股，这些股票代表的企业也有可能随着时间的流逝被挤出市场，最终消亡。

1997年，阿里·德赫斯（Arie de Geus）撰写了一本绝妙好书《长寿公司》（The Living Company）。[2] 德赫斯研究了各种规模公司的寿命，惊奇地发现《财富》500强的公司平均寿命是40～50年。一个相当成功的企业，大约需要二三十年的时间才能跻身《财富》500强公司之列，而很多蓝筹股公司在上市后不到20年的时间里会破产。《财富》500强公司在上市时已经过了最鼎盛的时期。

即使是那些具有可持续性竞争优势的企业也无法长生不老。因此，在使用约翰·伯尔·威廉姆斯提出的内在价值公式选择投资对象时，我们应该把对一个企业的青春壮年期的期望值放低一些。我们在贴现现金流计算的时候，就不应该把期限定在 10 年以上，而 10 年后的售价期望值也不能高于当期现金流和盈余资本之和的 15 倍。

第 10 章
Chapter 10

憨夺型投资法则 301：
少投注，投大注，
只挑最好的投

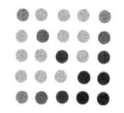

我们假设你可以用 1 美元去投注，你可以得到下面几种回报的可能。

- 80% 的概率，赚 21 美元；
- 10% 的概率，赚 7.5 美元；
- 10% 的概率，赔掉所有。

假设你名下有 1 万美元的资金，你可以尽情去投注。你会愿意拿多少钱来玩这个投注游戏？ 显然，你不可能投注这全部的 1 万美元资金，因为其中有 10% 的概率你会赔光。但是只拿 1 美元去投注，就看似太保守，无法对改善自己的财务状况起太大作用。

好消息是 50 年前，新泽西的贝尔实验室一位研究员小约翰·拉里·凯利（John Larry Kelly Jr.）思考了这个问题，并发表了自己的研究成果。凯利想出了当今非常著名的凯利公式（Kelly formula）。凯利计算了一下从持有的资金中，究竟拿出多少来投注是最优化的状态。

平均收益 / 最佳收益 = 每次应该投注的金额

威廉·庞德斯通（William Poundstone）曾写过一本好书，名为《财富公式》（*Fortune's Formula*）[1]，很值得一读。庞德斯通精辟地描述了凯利公式的内涵。美盛集团（Legg Mason）的迈克尔·莫布森（Michael Mauboussin）写了一篇论文[2]来阐明凯利公式。他这样说，如果你掷硬币，正面朝上，你能获得 2 美元；正面朝下，需要花费 1 美元。如果你碰到这样的情况，你该拿多少钱来投注？

按照凯利公式，这笔投注的平均收益是 0.5 美元 [= 0.5 × \$2+0.5 × (−\$1)]，最佳收益是你能获得的最大回报。所以凯利公式告诉我们，你应该每次投注自己资产的25%。而本章提到的第一个例子，涉及了两种以上的可能。要想了解如何利用凯利公式来确定最佳的投注额，可以登录www.cisiova.com/betsize.asp网站。这个网站不仅给出了一般凯利公式的例子，作者还对这个公式进行了程式设定，所有人都可以免费使用。感兴趣的读者可以阅读爱德华·索普（Edward Thorp）的论文《凯利公式在21点、体育投注和股票市场中的应用》（*The Kelly Criterion in Blackjack, Sports Betting and the Stock Market*）。本章第一个例子里可支配资产1万美元，最佳的投注比例是89.4%，投注总额是8940美元。

帕特尔老爹可能从来没有听说过凯利公式。本书第1章中，我们留意到帕特尔老爹在第一家旅馆里投资了5000美元，他可能是拿出了自己所有的积蓄。本章第一个例子恰好能说明帕特尔老爹当时那一笔投资的概率。比如80%的概率能够获得21倍的回报率，10%的概率能获得7.5倍的回报率，10%的概率会全部赔光自己的投资。现实生活中，帕特尔老爹比凯利公式建议的投注比例更加保守。他拿出了手头资金的50%来投资。当然他当时名下的确只有5000美元，他似乎是全部拿出去投注了。但他手里保留了一张王牌——东山再起的能力，他可以去找工作，剩下5000美元，然后过几年后，再去投资。帕特尔老爹如果碰到失利的交易，他不可能一直都拿自己全部的积蓄去投注，毕竟他的年龄在增长，他也要吃一堑长一智。由于在他的心中，憨夺型投资方式是一种深入骨髓的思维模式，所以他至少投注了两次。第一次，他拿了50%的身家去投注。如果可行的话，他不用再投注第二次；如果失败的话，他得再投注一次。

第一次投注赢了，改变了整个世界。帕特尔老爹一家不再住在汽车旅馆里。他们已经请了帮手，能买一个更大的汽车旅馆。当他买了第二家旅馆，并进行第二次投注后，他拿去投注的比例更小，因为回报没有第一次好了。即使那是一笔50%的概率获得2倍收益和50%的概率赔光，凯利公式建议，他们应该拿出现有资本的25%来投注。

从投资发生的时间来看，汽车旅馆投资的回报要比之前的例子高很多。赔钱的概率低于25%，赔光的概率要低于5%。帕特尔一家在第二次、第三次至第N次令人垂涎的赚钱良机中，毫不犹豫地把自己拥有的大部分资产投入到这些交易中。他们从来没有听说过凯利公式，但他们精通憨夺型投资模式。结果是帕特尔一家拥有超过400亿美元的汽车旅馆资产；每年纳税额超过7.25亿美元，并雇用了近100万名员工。在南加州大学马歇尔商学院中，查理·芒格曾说：

> 明智的投资人会在出现有利于自身的投资机会的时候，下大注。他们有了较好的回报期望时，他们就会下大注。其他时间，他们都不会出手。就这么简单。[3]

帕特尔老爹、马尼拉尔、米塔尔等人都很关注在合适的时间来下注，每一次投注额都很大。所有人都会在有利的时机下注。要赚钱，你必须得沉得住气。为了成为一个很好的资本分配者，你必须得权衡运气和概率。纯粹靠运气的商业运营模式，赌博行业就是很好的例子。21点的庄家清楚地知道每一次发牌的时候，运气都在变化。他们察言观色，坐等时机，只要发现情况有利于他们，就会增加赌注。

现在在赌场玩21点，一般都是庄家占据优势，所以一般人在赌场玩21点，基本上都是输多赢少（我得承认即使这样，我偶尔还是会去玩 21 点），并不是每一局都输钱。20 世纪 60 年代，麻省理工学院的数学教授爱德华·索普使用了麻省理工学院的计算机进行了大量的运算，并设计了提高胜算的 21 点玩法。索普称之为基本战略（basic strategy）。索普还为此出了一本畅销书《赢过庄家》（*Beat the Dealer*）[4]，这可以说是有关 21 点玩法的经典著作。时至今日，很多 21 点玩家，依然依靠基本战略来提高自己玩 21 点的胜算。

20 世纪 60 年代，21 点是单副牌，赌场坐庄。索普发现那些会算牌，并根据牌面变化调整下注量的玩家往往可以有更大赢过庄家的概率。他使用凯利公式，根据牌局来确定投注的数量。比如，如果发出的牌"A"和"10"较多，就比较有利于玩家。如果牌局对玩家有利的概率是 52∶48，凯利公式建议玩家应该拿自己所有资本的 4% 来投注。索普如果去玩，也会按照这个概率去押注。

对于索普来说，这并不是一次理论的验证。他开始频繁地进出内华达（Nevada）的赌场，并所向披靡。赌场方面根本无法理解为何索普总会赢。不过赌场是恶霸的天下，他们根本不会花工夫研究索普赢牌的策略。他们只是把索普请出赌场，并警告他，不要再回来，否则下一次就会给他点颜色瞧瞧，把他扔出赌场。

索普出版《赢过庄家》[5]一书时，全球各地的玩家在赌场占尽上风。赌场主也读了索普的这本书，开始改良赌博游戏。过去 40 年期间，21 点扑克牌游戏几经变化。每次赌场改变游戏规则，一些聪明的赌博者就能想出赢过庄家的办法。赌场主发现后继续对赌博方法进行改良。今天，绝大多数赌场都会采用一局 6～8 次的策略，他们后面几次往往发牌而不玩，狡黠的老板静静地盯着监控看，如同鹰隼守候自己的猎物一样。在某些赌场里，自动发牌机会不断回收已经发出的牌，确保每次发牌的时候，每一张牌都不会有过多重复出现的机会。

索普思考了逐渐变化的事实，最终得出结论。在下列情况下，他能施展自己的"下注"技巧并获得不菲的回报：

- 台面上投注数无上限；
- 投注额大大提升；
- 赌场输钱后，不会恼羞成怒；
- 赌场老板和保安不能像地痞流氓那样对待赢家。

他发现这样的赌局在现实中是存在的，那就是纽约证券交易所以及新兴的期权市场。有谣传说早在布莱克（Black）和斯科尔斯（Scholes）在确立布莱克－斯科尔斯期权定价模型前，索普已经洞若观火。他决定不出版自己的研究结果。而布莱克－斯科尔斯期权定价模型无非是期权市场的基本战略而已。根据这个模型能够确定特定期权的价格水平。由于索普是少数知晓期权市场运作机理的人之一，这些人能够轻易地买入定价偏低的期权并在超高的价位上出售，从中获得巨大的投资回报。

索普创立了名为普林斯顿－纽波特合伙基金（Princeton-Newport Partners）。创立该基金20年时间里，索普教授给其投资者带来了20%的年化收益，而且波动性很小。保罗·纽曼（Paul Newman）也想投资该基金。他问索普，如果你每天都去玩21点，你一年能赚多少？索普利用他惊人的算牌技巧，能够赢过庄家。他对纽曼说大概是一年30万美元。纽曼问他为什么不专职玩21点，索普看了看纽曼，说纽约证券交易所和期权市场可以让他一年赚600万美元，而且风险很小，为什么舍大取小呢？再说了，他也不想被那些赌场的恶棍打断手脚，更不想冒着生命危险只赚这么一点小钱。[6]

在投资中，永远没有稳赚一说。就算是当今最有潜力的蓝筹股，明天也有衰落的时候。投资就看回报，就像玩 21 点一样。索普充分理解了赌博的真谛。几十年来在赌场和华尔街如鱼得水，赢了不少钱，为自己和投资者创造了巨额的财富。当投资者转向权益市场时，他所用的思维方式与他玩扑克牌的方式是一样的：如果牌面对自己非常有利，就应该下大注。

我们假定你采用了憨夺型投资模式，并发现了一家经营模式非常简单的上市企业。这家企业当前刚好遭遇了行业不景气，股价大跌的情况。让人欣慰的是这家公司有着比较持久的竞争优势。你了解这家企业的经营模式和经营范围，你可以估算出它当下和未来两三年的内在价值。你发现当前该公司的股价低于未来预估内在价值的一半水平。

什么因素可以在未来几年把这家公司的股价拉回到与其内在价值相当的水平上？参议员威廉·富布赖特（William Fulbright）一直很关注这个问题。在 1955 年 3 月 11 日举行的美国参议院银行和商业委员会的听证会上，威廉·富布赖特和本杰明·格雷厄姆沟通时问了下面的问题。

- **富布赖特**：我再问一个问题，就会就此打住了。你发现一个投资机遇并有了决定，我们这里打个比方，你以 10 美元买入，其价值是 30 美元。然后你持有某个仓位，但是股价不会自动飙到 30 美元，除非市场上有很多其他投资者也认定它值这个钱。你如何确保一个廉价股的股价能回升到接近其价值水平，难道你是靠广而告之，还是什么？

- **格雷厄姆**：这就是投资行业的一大秘密。我和大家一样弄不明白。但是我们可以从经验中得知，市场价位最终会和内在价值持平。[7]

每当出现像"9·11"事件或者"珍珠港空袭"这样的突发情况时，股市会短时间遭到重创，但是很快就会弹回到正常水平。表 10-1 展示了这一现象。

表 10-1 危机事件发生后道琼斯工业平均指数下跌及之后的表现

事件	反应日期	道指下跌 损益（%）	道指收益 反应日期后的天数		
			22 天	63 天	126 天
法国沦陷	1940.5.9～1940.6.22	−17.1	−0.5	8.4	7.0
朝鲜战争	1950.6.23～1950.7.13	−12.0	9.1	15.3	19.2
美国轰炸柬埔寨	1970.4.29～1970.5.26	−14.4	9.9	20.3	20.7
阿拉伯石油禁运	1973.10.18～1973.12.5	−17.9	9.3	10.2	7.2
尼克松辞职	1974.8.9～1974.8.29	−15.5	−7.9	−5.7	12.5
亨特白银危机	1980.2.13～1980.3.27	−15.9	6.7	16.2	25.8
1987 年金融恐慌	1987.10.2～1987.10.19	−34.2	11.5	11.4	15.0
亚洲金融危机	1997.10.7～1997.10.27	−12.4	8.8	10.5	25.0
俄罗斯金融风暴	1998.8.18～1998.10.8	−11.3	15.1	24.7	33.7
平均值		−16.7	6.9	12.4	18.5
中值		−15.5	9.1	11.4	19.2

表 10-1 展示了导致几天内或者数周内道琼斯指数两位数下跌的各种事件。然而，几个月后，大部分情况道琼斯指数都会恢复到和暴跌前差不多的水平。商界发生的可能造成经济波动的事件，如 1982 年强生公司的泰诺恐慌、埃克森原油泄露或者是 20 年代 60 年代美国运通公司遭遇的"色拉油危机"都有类似的效果。企业都会因为造成公众恐慌而

导致股价短期下跌。但是随着人们理性的回归，价格会恢复到比较合理的水平。

同理，如果你投资了某只价位过高或者过低的股票，最终股价会回归到与其内在价值差不多的水平，从中投资者可以获利或者失利。我们可以把它视为投资的黄金规律，并充分尊重这一规律。因此，如果我们能确定某个企业在未来两三年的内在价值水平，且能以比较低的价位折价购买，我们的投资利润就能保证。在确定具体下注的数额时，凯利公式非常有用。

📈 美国运通公司的色拉油危机

沃伦巴·菲特和查理·芒格都遵循一条投资原则：利好时要下大注。1963年11月，巴菲特先生将把巴菲特合作基金40%的股权投资在美国运通公司。他对于美国运通公司完全没有控制权或者说话权。几乎巴菲特所有的流动净资产都在巴菲特合作基金内，所以，他相当于把40%的个人流动净资产投进了美国运通公司。同时，巴菲特合作基金名下管理的资产由1750万美元。[8]大约有700万美元用于购买美国运通的股票，在被巴菲特投资前，这家公司的股票价格曾经被腰斩过。

美国运通公司的股价受到了色拉油危机的重创。[9]公司曾经出借6000万美元，借方用一个装满了色拉油的仓库来做抵押。后来美国运通公司发现，仓库里装的根本不是色拉油，而是海水，而借款方已经破产。美国运通公司宣布遭受了6000万美元的损失，随后其股价下跌一半。当时，美国运通公司的总市值是1.5亿美元，因此6000万美元的损失对其而言是一次重大的打击。

巴菲特先生仔细分析了情况,并得出结论,只要与美国运通旅行支票和充值卡相关的信托基金不受影响,公司的内在价值就要比其当前的市价高很多。巴菲特看到投资美国运通公司失利的可能性比较小,其股价有很大的上升空间,他做了人生最大的一次投注。他几乎将个人净资产的40%投入这个财经丑闻主角的公司。这个投注能带来多大的回报?如果我们知道平均收益如何,我们可以利用凯利公式来看看这次投注是否合理。

巴菲特先生对于这笔投资的决定从来没有做过正面的回应,但是在1964～1967年给合伙人的信中这样写道:

只要我们对事实的判断是理性的这一概率很高,且改变投资内在价值的概率很低,那么我们就可以用40%的净资产来投资。[10]

当然我们不可能经常拿着40%的净资产去投资,适合这样投资的情况很少。正因为这样的机会珍贵,我们才应该在看准的时候发力,集中投注。巴菲特合作基金9年的历史中,只出现过五六次机会拿资产的25%以上投资的情况。每次出现这样的机会,就意味着会给我们带来绝佳的投资表现。这些投资必须得有超凡的质量和数量因素,才能保证出现严重损失的概率最小……在确定我每次投资的限度时,我都努力把投资组合单次投资回报比道琼斯指数低10%的概率降低到最小。[11]

请留意巴菲特的措辞。他所说的不是稳操胜券的投资——每一笔投资都有赔钱的可能。他关注投资的回报和概率。当情况比较有利于自己的时候，会毫不犹豫地下大注。巴菲特先生在接下来的 3 年时间里从投资美国运通公司中获得了 3 倍或者 4 倍的回报。根据现有的事实，我们假定这次投资的保守回报如下：

- 3 年后投资回报率不小于 200% 的概率　　90%
- 3 年后回本的概率　　5%
- 3 年后损失达到 10% 的概率　　4%
- 全部赔光的概率　　1%

按照这样的概率，凯利公式会提示，该把 98.3% 的巴菲特合作基金资产投资进去。巴菲特先生确定的投资比例完全在凯利公式设定的上限范围内，他还可以用剩余的资产开展有利的投资。

从逻辑上来看，普通共同基金一般持有 77 个仓位，这样的回报预期是让人兴奋的。更重要的是，所用资产比例最高的前十位投资只占了 25% 的资产。有超过 1/3 的共同基金持有 100 个以上的仓位。[12] 难怪 80% 以上的共同基金的表现都落后于标准普尔 500 指数，而投资表现超过标准普尔 500 指数 3% 及以上的共同基金的比例不到 5‰。[13]

憨夺型投资方式的关键就是少投注、投大注、看准时机投注。凯利公式也支持这种方法。这种方法在股票市场中进行被动投资非常管用。最后，正如查理·芒格经常所说的："逆向投资，得反其道而行。"我们对那些多投注、投小注和经常投注的投资者的投资表现进行了分析，发现投资回报低得可怜。下面是有关凯利公式公然的评价。

凯利公式会告诉我们投资的上限比例，我们就能比较妥善地把握实现财富目标的最佳时机。想要尽快致富，还没有赔光的风险，憨夺型投资是最好的办法。如果你投资的比例超过凯利公式提示的结果，可以肯定的是，如果你不断重复投资，你肯定会把自己的资产输得一分不剩。

使用凯利公式，可能会导致投资波动情况明显。凯利公式能够优化一个变量——在最短的时间内实现财富的最大化，但凯利公式无法控制投资震荡的情况。通过减少投资资产的比例，即低于凯利公式提示的额度，可以控制投资的震荡情况。不过这会导致资本分配并非最优化。

在投资管理的现实世界中，投资经理会面临同时有 8 个不关联的有利投资机会。我们假设凯利公式会提示如表 10-2 所示的资产投资比例。

表 10-2 凯利公式提示的 8 个可投资项目各自应该占据的资产比例

现有投资项目	百分比（%）
投资项目 1	80
投资项目 2	70
投资项目 3	60
投资项目 4	55
投资项目 5	45
投资项目 6	35
投资项目 7	30
投资项目 8	25
总额	400

如果投资经理只能进行 100% 的非杠杆投资，资本分配情况如表 10-3 所示。

表 10-3 凯利公式提示的 8 个可投资项目各自应该占据的资产比例

现有投资项目	百分比（%）
投资项目 1	20
投资项目 2	17
投资项目 3	15
投资项目 4	14
投资项目 5	11

(续)

现有投资项目	百分比（%）
投资项目 6	9
投资项目 7	8
投资项目 8	6
总额	100

芒格和巴菲特当年利用合作基金的资产进行投资的时候，也会利用同样的资产分配方式。乔尔·格林布拉特和艾迪·兰伯特现在进行投资也是如此。对于格林布拉特来说，通常情况下其 80% 的资产用来投资他最看好的 5 个项目中。表 10-3 中，最好的 5 项投资占用了投资组合 77% 的资产比例。

表 10-3 的资产分配比例变化，主要是为了应对投资波动的情况。这些比例比凯利公式提示的投资限额比例要低，这些投资项目本身相关度较低，因而投资波动的情况会大大缓解。巴菲特合作基金从来没有遭遇市值下跌的现象，虽然他们所做的都是遵循凯利公式进行的大注投资。他们投资的原则就是少投注、投大注、看准时机投注，借此在没有遭遇巨大的波动时，获得了较高的投资回报。

另外一点值得留意的现象是实际发生的情况与概率估计会有偏差。每当我们在计算投资特定的企业未来可能提供的汇报时，我们能得到的最多是一个预估的结果。我们要以更加保守的收入预期来调整我们的投资策略。可能我们分析的 8 大投资机会都有很不错的回报，但是第 6 项要比第 3 项看似有更好的回报。既然我们只能在自己力所能及的范围内对这个世界和投资结果进行估计，那么我们很难保证自己不出错。

对于在帕伯莱投资基金的投资，我都做了比较保守的调整，一般我只拿出总资产的 10% 去投资。这是一种次优的选择，但是它能帮助我们解决第 6 项投资比第 2 项投资回报更好的问题。很多时候，垫底的几项投资要比我感觉最好的几项投资表现更好。总体而言，在 10 项投注中，结果令人满意。虽然，这不比用 80% 的资产投资 5 只股票的结果更好，但是我们的投注依然比较集中。可以说，是第 7～10 项投资对象占用了 80% 以上的资产。

　　投资和赌博一样，主要是看有怎样的回报。看准投资成本和风险偏低、回报偏高的投资机遇，集中下注，这是创造财富的关键。首先要用凯利公式来确定投资额占净资产额的上限。由于在股权市场中有多项下注机会，凯利公式无法解决的投资波动问题可以通过集中投资组合缓解。

第 11 章
Chapter 11

憨夺型投资法则 302：注重套利

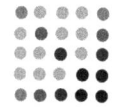

套利是价值投资人手中非常强大的一种投资方式。套利交易中,我们可以在零风险的情况下获得巨额利润。没有失利的风险,哪怕赢的机会是有限的,这投资本身就很值得。套利交易就是这样的投资。套利交易的优势在于:"情况好,我赚了;情况不好,我不亏本,说不定还能赚钱。"套利交易形式有很多种,我们着重比较四种。

传统的商品套利

如果黄金在伦敦交易的价格是每盎司 600 美元,转手在纽约交易的价格是每盎司 610 美元,套利者可以通过在伦敦买进,立即在纽约卖出,获得 10 美元的价差。随着时间的流逝,最终将导致套利价差逐渐缩小,并最终消失。

关联股票套利

伯克希尔 - 哈撒韦公司(Berkshire Hathaway)有两只股票——BRK.A 和 BRK.B,都在纽约证券交易所交易。BRK.B 的经济价值是 BRK.A 的 1/30。一份 BRK.B 股票拥有的投票权是一份 BRK.A 投票权的 1/200。对于相同数额的投资额来说,BRK.B 的投票权还不到 BRK.A 投票权的 1/6,因此 BRK.B 的经济价值较低。除了这点区别外,两只股票其他方面都是一样的。巴菲特先生和他的好朋友拥有大量的 BRK.A 股票,对公司有着控制权,因此单份 BRK.A 拥有的投票权差异是无关的。股票持有者也可以随时将手头持有的 BRK.A 换成 BRK.B,但却不能把

BRK.B 换成 BRK.A。

按照这些事实，这两只股票交易的价位应该旗鼓相当，或者 BRK.B 可能交易的价格相对低一些，主要是因为它具备的投票权少一些，或者股民能把 BRK.A 换成 BRK.B，BRK.B 没法换成 BRK.A。

然而，如图 11-1 显示，在 3 个月的期限以内，有几个星期 BRK.B 交易的价格比 BRK.A 的交易价格低，而后几个星期 BRK.B 交易的价格比 BRK.A 的交易价格高。有时候，两只股票的价差达到 1%。我们假设投资交易的投资成本最低，投资者会很好地把握这样的套利价差。

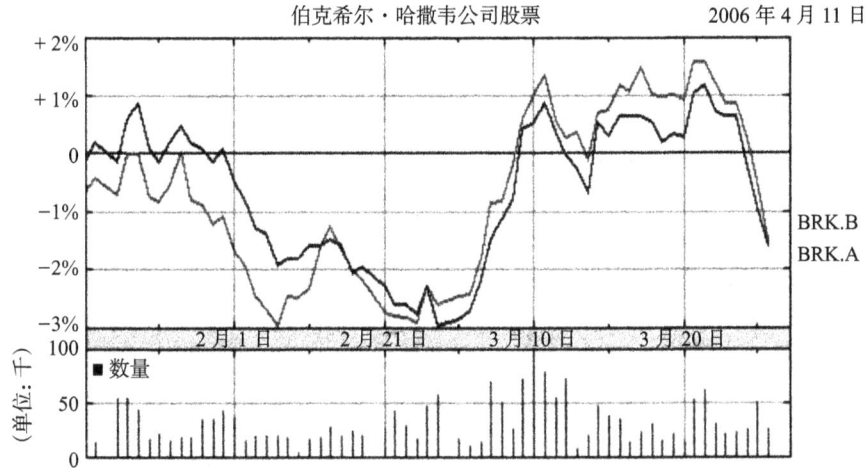

图 11-1　2005 年 1 月 13 日至 2006 年 4 月 12 日 BRK.A 和 BRK.B 的股票价格波动
资料来源：2006 年雅虎集团版权所有，翻版必究，http://finance.yahoo.com/。

许多股票都存在这种套利交易。有时候，控股公司的各附属公司都是上市公司，这个公司的股票有可能按照低于附属公司的股价之和交易。封闭式基金的市价比内在价值低很多，这些都给套利交易提供了机会。

企业兼并套利

上市公司 A 宣布它将以每股 15 美元的价格收购上市公司 B。在这份声明发表前，上市公司 B 的股价是 10 美元。这份声明发表后，B 的股价马上飙升到 14 美元。假设某个投资者以 14 美元的价格买进，并一直持有这只股票，直到交易结束，那么这 1 美元的价差就能在几个月后带来不菲的回报。然而，也有发生兼并不成功的风险。如果不成功，公司 B 的股价会跌回到 10 美元甚至更低。和本书先前讨论的其他套利形式不同，这种套利交易并不是零风险的。有时候这也被称为风险套利。

对于公司宣布兼并后无法实现兼并的情况，有具体的数据和档案可查，诱因包括政府不批、股东不同意等。如果你理解企业的业务及其经营方式，你可以顺势促成或者破坏兼并的兼并交易，并决定投资或者不投资。

憨夺型套利

几乎所有新成立的公司都会参与憨夺型套利。本书第 5 章已经阐述了这样一个例子。理发师在 C 镇设立了新的理发店，其利差来源于 C 镇和隔壁镇理发店相距 17 英里的距离。随着时间的流逝，C 镇会有越来越多的理发店开起来，那么利差也会缩短为只差几个街区，最终消失。当存在这种利差的时候，理发师就有机会获得超级利润。他不需要承担多少风险，就能轻易地获得这些利润。正是这种低风险、高回报的方式给了他额外的收益。这个理发师是典型的憨夺型套利者：情况好，他赚的多；情况不好，他赔的少。

绝大多数创业者都不是冒险家。他们是憨夺型套利交易者。最典型的憨夺型套利创业者的例子，当属 CompuLink 公司（CompuLink）。阿玛尔·毕海德（Amar Bhide）在其著作《新企业的起源与演进》[1]（*The Origin and Evolution of New Businesses*）中描述了这个公司的情况。1984 年，年仅 20 出头的史蒂夫·谢富林（Steve Shevlin）和罗伯特·威尔金（Robert Wilkin）创办了 CompuLink 公司。谢富林是创业的牵头者，他大学肄业后入伍，在那里他学了技术，担任电气技术人员。军队保守的风气并没有让他受到限制。短期服役后，他退伍了。谢富林当时没有工作，也没有钱。他住在佛罗里达州一个很小的公寓里，那里也是他的工作室。

那个时候正值个人电脑业务发展初期。谢富林是个电脑爱好者，在家里安装了一台电脑和打印机。这种配置要求打印机和电脑最好间隔一定的距离，并用 20 英尺○长的电线连接。他去了一家电脑配件商店，看是否有这种电线出售。

当时，电脑还是非常新鲜的事物。电脑接线口还没有统一的标准。电线和插槽接口不同。店主回复说最长的电线有 7 英尺，他建议将三根电线用特殊的连接器连接替代使用。谢富林觉得店主的提议不理想，而且价格也太贵。

他回到工作室里自己思考了这个问题。他又回去找那个店主，告诉他自己曾经在军队里担任电气技术人员，知道如何制作电脑电线。他向店主毛遂自荐，说可以制造不同长度的电脑线缆。店主说以前就有人询问关于不同长度的电缆产品情况，但是自己没有采购渠道和生产能力，

○ 1 英尺约为 0.305 米。——译者注

所以只好作罢。但是由于谢富林的电缆没有什么品牌，他不愿意冒着库存过多的风险。再者一旦这种不同长度的电缆一上市，店里现有的很多电缆很快就会过时。谢富林提出以寄售的形式供货。就这样，谢富林与第一位客户建立了合作关系。

谢富林和威尔金仔细研究了所有顾客可能需要的电缆长度和连接器。他们购买了 300 英尺长的电缆和制作连接器的装备就开工了。他们制作了不同长度的电缆，将它们发给店家销售。店家非常兴奋。这些电线成本每根是 2～3 美元，给店家的价格约每根 16 美元。和其他供应商相比，这个价格很有竞争力。店家的销售价位是 30 美元。可谓创造了多赢的局面。

又有几家零售店需要他们的电线，随后几个月里电线的销售量增加。后来这些零售商说不需要 CompuLink 公司的电线了，因为他们之前的主要供应商已经知道如何来生产这类电线，而且他们的品牌和包装都更好一些。

谢富林非常失望，花了更多的时间来思考。他意识到电脑和打印机的制造商在不断推陈出新，电脑、打印机和其他关联设备都在不断推出新款。不出几个月 CompuLink 公司就得推出新的产品，而竞争者也在不断出现。

谢富林比其他电缆主要生产者能早 3～6 个月来推出新的产品，因为他对市场的嗅觉更加灵敏，也更愿意集中精力将产品更新换代。他的竞争者反应较慢，一来他们是大公司，需要更长的时间来研发和制作新的产品。谢富林也会开拓新的分销渠道，以垄断者的身份收获大量的利润，然后再利用这笔钱助力批量产品的生产。之后就会被告知他们已经被主要供应商取代，或者要想生存就得迫于压力降价。

谢富林和威尔金就是利用这种憨夺型的套利模式，于 1989 年成了世界 500 强公司，它也是美国增长最快的公司。他们成了终极套利交易模式的代表，其超高额的利润可以持续好几个月，且丝毫没有任何赔钱的风险。谢富林和威尔金都非常善于应对不确定的局面。低风险、高不确定性，以及套利模式是优秀企业家创办经营企业的核心特点。

随着计算机的界面变得更加标准化，CompuLink 公司初创时具备的利差最终消失殆尽。这家公司还在不断地发展变化，寻找新的利差机会。在复杂的电缆安装领域找到了利差的来源。如今，CompuLink 公司有 600 名职员专门提供电线安装的方便。[2] 这样的利差也在减少，同时，这家公司建立了自己的名声和品牌。可以预见的是 CompuLink 公司会继续发展，至少在未来几年内，技术的进步或者更加激烈的竞争最终会减少这个利差，直至它完全消失。

GEICO 保险公司的套利利差源自这个公司直接出售汽车保险，它不采用任何中介代理或者办事处。与好事达保险（Allstate）和 State Farm 保险不同，GEICO 保险公司根本没有中间代理和办事处。好事达保险和 State Farm 保险公司在美国拥有上万家社区代理。每个代理处都由一个独立的代理商独立所有，这使好事达保险和 State Farm 保险公司都需要向他们支付至少 15% 的佣金。也就是说，和它们相比，GEICO 保险公司拥有了近 15% 的成本优势，这就是和绝大多数其他保险公司相比，其所具备的套利利差。

GEICO 保险公司所有的保单销售都是直接通过客户致电员工服务中心或者网上（www.geico.com）订购的。这两个渠道都要比采用上万家代理商所需要的成本省很多。用白墙灰砖建立起来的代理处由代理商所有，他们每年的预期收入达到六七位数。由于互联网的普及，GEICO网站将很多线下销售转变为线上销售。在网站上销售的成本大大低于电话销售，这进一步增加了 GEICO 保险公司的套利利差。实际上，GEICO 保险公司所得套利利差在过去 70 年的时间里已经大幅度增加。在 GEICO 保险公司建立的最初几十年时间里，电话并非是无处不在的，那个时候主要的销售渠道是信件。随着电话的普及，电话销售占据了主要的渠道。

直到 20 世纪 80 年代，电话还是相对昂贵的服务。随着电话服务费的降低，GEICO 保险公司所得套利利差进一步扩大。GEICO 保险公司曾经一度要为 800 免费服务热线支付每分钟 25 美分的费用。今天，我都怀疑同样的免费热线一分钟成本是否有 1 美分。电话销售的主要成本是 GEICO 保险公司成千上万的员工和顾问薪水。这些成本也可以通过在印度设立一两个呼叫中心，将劳动力向便宜的地域转移，这当然也会进一步提升套利交易的利差。

在未来一二十年里，绝大多数 GEICO 保险公司的交易都有可能会在网络上开展，成本几乎接近零。如此一来，套利交易的利差将进一步拉大。State Farm 和好事达这两家保险公司不会像 GEICO 保险公司那样能利用网络或者电话销售获得成本优势。由于办公场所的建设费、人工费还在持续上升，因此未来几十年里，摩擦成本还会继续上升。

自 20 世纪 30 年代初 GEICO 保险公司成立起，就一直注重直销。从这个方面来看，公司的套利利差保持了 70 年之久，而且还在不断加剧。所有的套利利差都会消失，GEICO 保险公司的也不会例外。即使过去几十年里，GEICO 保险公司的套利利差不断加大，最终也会消失。

GEICO 保险公司和前进保险公司（Progressive）都是汽车保险的直销者，占据美国汽车保险行业 13% 的份额。几年来，美国汽车保险市场扩容不少，这个 13% 的份额也增加了不少，未来几年将会变得更大。State Farm 和好事达保险公司占据 30% 的市场份额，它们市场份额的损失就是 GEICO 保险公司和前进公司的收益。State Farm 和好事达保险公司在没有和代理商疏远甚至取消合作并破坏自己的核心业务前，很难复制 GEICO 保险公司的模式。

未来几十年，汽车保险的直销模式成为标准，GEICO 保险公司会和其他保险直销公司（如前进公司）竞争，套利利差将不断增大。理发师和他新开的理发店具备的套利利差持续了一两年。GEICO 保险公司的套利利差很有可能持续一个世纪。这两个例子里，企业都建立了一个品牌，拥有稳定的客源和收入。即使最初的套利利差小时，企业依然可以依靠品牌的力量继续存在发展。然而，未来几十年里，企业的增长率要快过总体经济增长率，将变得很难。

创业者发现现有的套利机会，由此创办伟大的企业，套利机会可以成为推动创业的动力。利奥·古德温（Leo Goodwin）开创 GEICO 保险公司，可能从来个认为自己的创业行为是套利交易，但是 GEICO 保险公司的本质就是套利型投资。当时他看到了没有人在做汽车保险直销，他认为自己可以在这个领域里一展拳脚。雷·克拉克（Ray Kroc）从来没有想过他会涉足套利交易，但是麦当劳的商业模式就是如此。雷·克拉克发现了行业里供应的缺口。霍华德·舒尔茨（Howard Schultz）创办星巴克，也是填补了服务的缺口。最终，所有的缺口都会被填平。竞争者会出现，消费者的口味也会改变。

以蒙哥马利·沃德公司（Montgomery Ward）为例。在其成立初期，创始人亚伦·蒙哥马利·沃德（Aaron Montgomery Ward）率先提出了"不满意就退款"的理念。当时，退货是很难的。商品的包装被拆后，几乎不能退货。蒙哥马利·沃德公司看到了这样的套利利差，并充分利用了这一点。它提出的退款保证是全新的，对于绝大多数顾客来说是绝佳的诱惑。于是，蒙哥马利·沃德公司的业务快速扩张。

西尔斯（Sears）也是一家新兴的充满活力的创业，看到了蒙哥马利·沃德公司的成功，也采用了类似的口号。其实，其他竞争者都没有采用这个看似奇怪的业务模式。毕竟，你得完全相信走进你们商店的客户，也许他拿着之前购买的东西毫无理由地退货了。几乎所有的顾客都会说，他们对货物不满意，那么西尔斯和蒙哥马利·沃德公司就会办理退款。这种套利利差持续了很多年。今天，虽然在绝大多数发达国家中，这种利差几乎不再存在，任何商家只要想入行，就必须得提供这种服务，这已经成了市场准入的条件了，这已经和说谢谢一样平常。消费者希望每一个店家都能这样做。

当这种利差不复存在后，西尔斯和蒙哥马利·沃德公司不再有吸引客户的绝招了。结果是蒙哥马利·沃德公司于2000年停业，西尔斯的业绩也下滑，看似要步其先辈的后尘了。无论是价格还是效率，它都无法和沃尔玛竞争；论高端客户，它们也无法和塔吉特竞争。论商品类目，它们无法和家得宝（Home Depot）或百思买集团（Best Buy）匹敌。西尔斯门店的销售额连续几年一直在下滑。西尔斯和沃德公司的商品类目，之前存在的套利利差，多年前就不复存在了。

福特汽车公司的一大创新是装配线。有了先进的装配线，以低廉的成本来批量生产汽车成为可能。福特汽车公司的竞争者不仅采用了同类的装配线，还成了所有行业制造生产的标准。几十年前，福特汽车公司就不再拥有装配线的套利利差了。通用汽车公司的创新在于对汽车市场进行了细分，为每一类型的顾客都创立了品牌和车型。这种套利利差也在多年前消失了。这两大汽车制造公司多年来遭遇了艰难的时期，也是自然而然的事情。成立之初具备的套利利差已成昨日黄花，福特和通用汽车公司还算是成功的。同一时期成立发展起来的其他汽车制造公司一开始的套利利差就很小，这些公司早已经破产停业了。

20世纪80年代，我住在伊利诺伊州的内珀维尔（Naperville）。我家附近的街上有一家购物中心，那里主要有老鹰杂货店（Eagle Grocery），还有一家中餐外卖餐馆、一家State Farm保险公司的代理处和一家美容美发中心等。每次我开车经过那个购物中心的时候，发现店铺更新速度之快，实在让人惊讶。我有好几次都在想，如果我每年1月1日把所有商铺的照片拍下来，装订成册，我肯定会发现每年这些照片里的商铺都会发生变化。我最后一次去关注的时候，State Farm保险公司的代理处还在那里，已经开在那里有20年的时间了。

有些商铺不够强壮，具备的竞争优势不多。老鹰杂货店几年前就倒闭了——卖杂货这个生意不好做。经过近10年的发展，我留意到除了美发店和State Farm保险公司办事处外，所有的商铺都发生了变化。美发店能够生存，是因为有比较稳定的客源。而每一个家庭都需要办理汽车保险。在未来几十年里，GEICO和前进公司可能会抢走更多State Farm的客源，这一家办事处可能也得关门大吉。

持续的憨夺型套利利差就是沃伦·巴菲特所说的护城河（竞争优势），当时他在内布拉斯加州奥马哈伯克希尔－哈撒韦公司2000年度会议上这样说：

我们希望有自己的城堡，城堡外面是一条宽广的护城河，护城河里都是鲨鱼和鳄鱼来抵御入侵者。入侵者就是那些拥有资本试图从我们手中抢走资本的人。我们要以有利于自己的方式修建无法逾越的护城河，并告诉经理人每年都要加宽护城河，我们认为我们所有的业务都有深厚宽广的护城河，即独特的持续的竞争优势。[3]

巴菲特先生特别擅长投资具有持久竞争优势和套利利差的企业。尽管如此，即使在伯克希尔公司，有些绝佳的企业也丧失了它们的竞争优势，比如蓝筹印花公司（Blue Chip Stamps）和世界图书出版公司（World Book）。蓝筹印花和斯佩里（Sperry）与哈钦森（Hutchinson）绿色邮票类似，都是零售商根据消费的金额赠送给顾客的。客户可以用积攒的印花从商家那里换得各类商品。这些业务已经消失。用飞机里程数换取商品的活动与过去手机蓝筹印花的活动类似，这也进一步促进了印花业务的消亡。

世界图书出版公司是伯克希尔－哈撒韦公司拥有的百科知识出版商。大英百科全书出版公司曾是它主要的竞争者。今天，这两家公司都不再存在了。大英百科全书出版公司和世界图书出版公司都不能望谷歌公司的项背，它们的竞争优势都已经彻底消失了。

《水牛城新闻》（*Buffalo News*）是美国水牛城的报纸，也是伯克希尔－哈撒韦公司的一家子公司，曾经独霸一方。近年来，《水牛城新闻》

的阅读群体在缩水，其竞争优势也在不断减少。这并不意味着这些投资都是失败的。相反，上述三个例子都曾给伯克希尔-哈撒韦公司带来绝好的投资表现。它们给力的经营模式多年来一直给伯克希尔-哈撒韦公司创造了辉煌的投资回报，比如收购喜诗糖果公司（See's Candy）的资金就是来自蓝筹印花公司的邮资。

我们知道所有憨夺型套利利差最终都会消失。这里的关键问题是：套利利差持续的时间和竞争优势的可持续性。正如巴菲特先生所说的：

投资的关键不是评估一个行业如何影响社会，或者其增长的速度，而是确定公司的竞争优势是什么，最重要的是这种竞争优势的可持续性。[4]

所有的竞争优势最终会消失。即使看似能长久的憨夺型套利利差也会消失，但这并不意味着我们就不投资，或者投资无法得到较好的回报了。我们需要明白竞争优势持续的时间是10个月还是10年。套利利差越大越好，持续的时间越久越好。憨夺型和传统型套利交易的区别主要在于套利利差的持久性和具体的价差。有了憨夺型的投资模式，套利利差能延续多年，而利用这种价差，投资者能够获得巨大的回报。

一定要寻找各种套利机会。通过套利，你能在毫无风险的情况下获得较高的投资回报。请充分利用这种低风险、高回报的套利交易的利差。

第 12 章
Chapter 12

憨夺型投资法则 401：安全边际的重要性

我想提醒一下大家，到目前为止，我们已经完成了憨夺型投资专业大一、大二和大三水平的课程。如今，你已经是大四学生了，离毕业只剩最后的冲刺了。可能你对憨夺型投资模式着了魔，你已经决定要继续研究下去，恨不得拿一个憨夺型投资硕士学位。可以说，你再读几章，就能完成憨夺型投资专业的大学课程。最后三章是憨夺型投资硕士课程。一旦你吸收了其中的精髓，把憨夺型投资变为你的一种思维模式，你就能获得憨夺型投资荣誉硕士学位。据可靠消息显示，憨夺型投资硕士学位要比哈佛商学院的 MBA 学位更富含金量。你很快就能靠这些知识和技能来发家致富了。

巴菲特先生每年都会给 30 多所学校的商学院学生做演讲，这些学校包括从哈佛、耶鲁大学到田纳西大学和得州农工大学（Texas A & M）。巴菲特先生有一个小时的时间回答学生的提问，之后他们会一起去巴菲特先生最爱的牛排餐馆用餐。

每个学校的学生都会要求巴菲特先生给他们推荐图书清单。巴菲特先生几十年来一直推荐大家阅读本杰明·格雷厄姆的《聪明的投资者》。[1]正如巴菲特先生在内布拉斯加州奥马哈对哥伦比亚商学院的学生说的一样：

《聪明的投资者》仍是投资界的最佳必读书目，其中你必须明白三点内容：

（1）第 8 章——市场先生的类比，说的是要让股票市场为你服务。《华尔街日报》的 C 版就权当我的经纪人，它每天为我提供股票的牌价，我由此决定我是买进、不买还是卖出。这种分析过程每天都得进行，一日不敢懈怠。

（2）一只股票是企业经营的一部分。购买股票，一定要按照企业的现金流入和流出量，从而确定其内在价值。

（3）第20章——安全边际。确保购买股票的时候，一定要确保股价比你保守估计的价位还要低。[2]

格雷厄姆就安全边际重要性的观点看起来非常直白简单。爱因斯坦对于智慧五个水平的界定是"聪明、睿智、有才、天才、简洁"。以远远低于资产内在价值的价位买入资产，就能大大减少赔本的概率。格雷厄姆身为投资天才，主要在于他关注两个事实：

（1）购买时的价位远低于内在价值的折价率越高，投资风险越低。

（2）购买时的价位远低于内在价值的折价率越高，投资回报越大。

帕特尔老爹和马尼拉尔可能从来都没有听说过本杰明·格雷厄姆这个人，布兰森也一样可能没有阅读过本杰明·格雷厄姆写的书，但是他们利用憨夺型投资模式在商界打拼的历史却都是沿着最小化投资风险的轨道行走的，他们一直关注并实践这个看似奇怪的"低风险、高回报"的憨夺性投资概念。

全球各地绝大多数顶级的商学院不明白安全边际或者憨夺型投资的概念。对他们而言，风险低的投资项目回报必然低；高回报必然需要承担高风险。不管早晚，我们肯定会碰到低风险、高回报投资的情况。它就在我们的身边。商学院的老师应该教导他们的学生，学习如何寻找并利用这样的机会。

股票市场中安全边际最形象的例子是沃伦·巴菲特先生在1973年

购买《华盛顿邮报》股票时的看法:

> 我们在1973年夏的时候以每股《华盛顿邮报》股票内在价值1/4不到的股价购买了华盛顿邮报集团所有的股票。计算市净率不需要投资大师的眼光和知识。绝大多数证券分析师、媒体经纪人和媒体执行者都曾经估计华盛顿邮报的内在价值是4亿~5亿美元。市场每天都发布其价值1亿美元股票市场估值的结果,好让所有人都明白。我们的优势在于从格雷厄姆先生身上学习到了一点:成功投资的关键是投资那些市价要比企业内在估值小很多的股票。
>
> ……1973~1974年,华盛顿邮报集团作为一家企业经营效益还不错,其内在价值不断上升。到了1974年年底,华盛顿邮报集团的市值跌了25%。具体市值是800万美元,我们持有股票的成本是1060万美元。我们买进的价位非常低,但是一年后,市价跌的更低。股市的震荡已经将内在价值为1美元的华盛顿邮报股票,拉低到每股不到20美分的价位上。[3]

但是巴菲特先生过去30年时间里,从来没有出让自己持有的华盛顿邮报集团的股票。原先1060万美元的投资额,如今的净值是13亿美元,是原始投资水平的124倍。华盛顿邮报集团每年会给股东支付不少的收益。现在华盛顿邮报集团每年支付收益的对象是伯克希尔-哈撒韦公司,获得的收益已经远远超过巴菲特先生当初购买股票所花的投资成本。

为什么华盛顿邮报的股票之前出售的价格远远低于1973年、1974

年的内在价值？巴菲特先生给了如下一番解释：

20世纪70年代初期，绝大多数机构投资者在决定怎样的水平可以做买入或者卖出决策时，认定只有内在价值是最重要的唯一要素。这放到现在，似乎很难相信，但是在当时，各大金融机构都处在各大品牌商学院提出的新潮理论的魔咒之下：股票市场是完全有效的，因此计算商业价值，哪怕只是空想的，也在投资活动中没有任何实际意义（我们这些人投资成功，是多亏了有这样的人存在。在投资下注这场智力的较量中，无论是桥牌、象棋，还是选股，你说要是对手认定思考是浪费精力的行为，那我们的优势简直是逆天啊！）。[4]

过去20多年时间里，机构投资者的思维在市场有效性方面，还没有发生太大的转变。正如查理·芒格在2004年威斯科（Wesco）的年会上指出的：

很少有人采用了我们的方法。也许会有2%的投资者会选择我们的阵营，剩下98%的人都会认定他们一直听到的信息（比如市场是完全有效的）。[5]

我们知道巴菲特先生当时是以低于公司每股内在价值75%的价位买进华盛顿邮报集团股票的。本杰明·格雷厄姆曾告诉富布赖特参议员，股价和股票内在价值之间的差别最终会消失。巴菲特先生知道这个价差可能在未来几年时间内消失。每当我投资的时候，我总是假定这样的价差会在未来不到3年的时间内消失。我自己在过去7年时间里作为一名职业投资人的经历表明，绝大多数股票价位和内在价值之间的差异会在不到一年半的时间里消失。

巴菲特先生于 1973 年以每股 6.5 美元的价格买入《华盛顿》邮报的股票。他知道华盛顿邮报集团这个企业股票的内在价值是每股 25 美元。我们假定华盛顿邮报集团在 3 年内股价回到至少为内在价值 90% 的水平上。我们再假定，由于留存收益和业务的发展，每年股票的内在价值增幅在 10% 左右。1976 年，华盛顿邮报集团这家企业的股票市值将达到每股 33.28 美元（= $25 \times 1.1 \times 1.1 \times 1.1$），价值的 90% 就是 30 美元。如果一个投资者于 1973 年和 1976 年购买了股票，其年化收益可达到 75%。这次我们用凯利公式来测试一下如何确定投注比例，此刻我们可以假定这笔投资的平均收益率如下：

- 3 年后回报率达到 400% 甚至更高的概率　　　　80%
- 3 年后回报率达到 200% 甚至更高的概率　　　　15%
- 3 年后不赔不赚或者回报率在 200% 以内的概率　　4%
- 全部赔光的概率　　　　　　　　　　　　　　　1%

在这种情况下，凯利公式建议投资者将现有 98.7% 的净资产用来投资这个令人垂涎的机会。这个时候，伯克希尔 – 哈撒韦公司总市值大约为 6000 万美元，现有的现金只是这个数额的一部分。我猜测巴菲特可能将其净资产至少 25% 的份额用于这笔投资。

格雷厄姆对于安全边际的痴迷是可以理解的。尽可能降低失利的风险，同时提高盈利的概率是非常有效的手段。正因为如此，巴菲特先生的净资产超过了 400 亿美元。他就是用追求风险最低、回报最大的投资方法来积累现在的财富的。通常情况下，资产的交易价格等于或者高于其内在价值。这里的关键是耐心等待，等到资产的市场价位跌到远远低于内在价值的水平。

在极度萧条和悲观的情况下，人们会失去理性，特定资产的价格会远远低于它们的内在价值。极度萧条的情况有可能源自于重大事件，如"9·11"事件恐怖袭击和古巴导弹危机。这也有可能是给公司带来危机甚至灭顶之灾的事情。比如丹尼斯·科兹洛夫斯基的腐败丑闻就导致了泰科公司的股价暴跌。

我们无法预计哪一种资产类型的投资将来会受挫。如果我们能集中精力投资某一种类型的股票，这就已经代表了我们有上万个企业可以选择。几乎每个星期，在市场上交易的公司股票会遭遇价格暴跌的情况。有时候，整个行业如临大敌。还有比较少见的情况，那就是当诸如"9·11"事件这样的突发事件出现后，整个股市会出现疯狂抛售。

帕特尔老爹、马尼拉尔、布兰森、格雷厄姆、芒格和巴菲特一直会给自己留有余地，注重安全边际，尽量寻求风险低、回报高的投资机会。这就是他们致富的秘诀。

第 13 章
Chapter 13

憨夺型投资法则 402：投资风险低、不确定性高的业务

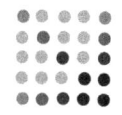

帕特尔老爹、马尼拉尔和米塔尔都是靠投资低风险的行业发家的。虽然他们投资的企业都会有多种经营的结果，这些企业未来的表现不能确定，但是这些聪明的憨夺型创业者已经全面考虑了各种可能性，因为自己投资的本钱不多，而投资赔钱的概率也不高，所以他们的投资和经营倒也心安理得。投资本钱不多、赔钱的概率不高，这两个都是投资过程中非常吃香的两大特点。此外，未来的情况如何也无法预料。这些企业会有一个共同的特点，都是低风险、高不确定性的行业。

帕特尔老爹、马尼拉尔和米塔尔当初在投资的时候，没有用凯利公式，但是他们打心底里知道他们的投资回报是会翻倍的，且赔本的概率较低。这样的投注很简单。情况好，我赚的多；情况不好，我赔得少。

华尔街有时候会弄不清楚风险和不确定性这两个概念，而你却可以利用这样的机会，轻松获得大把利润。华尔街不喜欢不确定的情况，通过让股价暴跌到低于其内在价值的水平上表明其对不确定情况的厌恶。以下就是有可能导致股价下跌的情况。

- 高风险、低不确定性
- 高风险、高不确定性
- 低风险、高不确定性

第四种逻辑意义上的组合是低风险和低确定性，这是华尔街钟爱的情况。这些企业的股票经常表现出很高的成交量。一定不要投资这些企业。上述三种情况中，憨夺型投资艺术践行者偏好低风险、高不确定性的情况，因为它能给我们带来较高的回报。情况好，我赚的多；情况不好，我赔得少。

美国运通、安德普翰人力资源服务有限公司（简称 ADP 公司）、人力资源公司沛齐（Paychex）、宝洁（Procher & Gamble）和好市多（Costco）都是低风险公司的典范。它们的股价很少低于交易底线价。当不确定性让这些企业的未来看起来不明朗时，如 20 世纪 60 年代美国运通公司碰到的情况，股价也就随之迅速下跌。

✓ Stewart 公司

Stewart 公司于 2000 年碰到的情况就是低风险、高不确定性的典范。Stewart 公司已有 96 年的历史，在 20 世纪 90 年代的殡葬服务也业绩很好。[1] 20 世纪 90 年代之前，殡葬服务行业分割明显，企业规模都不大。20 世纪 90 年代初，该行业刮起了一股兼并收购的风潮，于是就产生了市值十几亿美元的企业。Stewart Enterprises（STEI）、洛温公司（Loewen）、Service Corp.（SRV）和 Carriage Services（CSV）等公司大力收购同行业的家庭作坊和小企业，最终却负债累累。

这三家公司都犯了一个错误：它们大多是通过现金而不是股票进行收购的，于是它们背负巨额债务。洛温公司无力偿债，只好宣布破产。华尔街于是丧失了对殡葬服务业的兴趣，其股价一路下跌，直至谷底。银行家和出借款贷方也不想继续放贷，并要求企业尽快还款。由于这些企业无法继续进行收购，销售额无力上升。殡葬服务业停止增长。

Stewart 公司于 2000 年成立，有 9.3 亿美元的长期负债，2002 年到期的有 5 亿美元。华尔街开始质疑所有殡葬服务行业企业的偿债能力，于是这些公司的股价低到让人怀疑它们要破产了。也因为如此，Stewart 公司的股价也在两年内从每股 28 美元骤降至每股 2 美元（见图 13-1）。

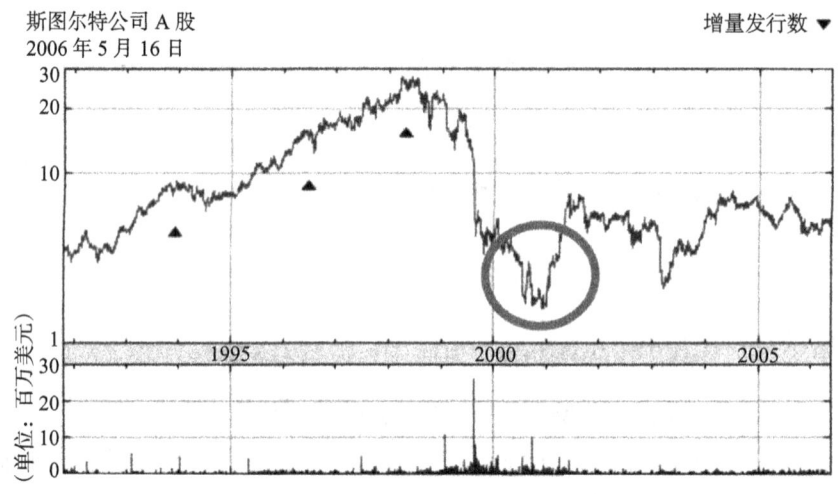

图 13-1　1998～2000 年 Stewart 公司的股价从每股 28 美元跌至 2 美元
资料来源：2006 年雅虎集团版权所有，翻版必究，http://finance.yahoo.com/。

2000 年秋季，我在阅读《价值线》杂志上列出的市盈率最低的股票时，发现了一些迹象。过了好几个星期，有两只我从未听说过的股票成为《价值线》所列股票中市盈率最低的。这两只股票分别是 Service Corp. 和 Stewart 公司。两个公司股票的市盈率都低于 3。多年来，我一直在关注《价值线》内发布的企业股票排名，很少碰到一个行业有 1600 多只企业股价跌到其收入的 3 倍以下水平。另外，我留意到这些企业都属于殡葬服务业。因为这个行业的经营模式并不复杂，所以我打算深入研究一番。

我想起来在 20 世纪 90 年代中期，《芝加哥论坛报》（Chicago Tribune）有一篇非常有趣的文章。这篇文章按照行业分析了企业破产率，并按照 SIC 标准产业分类代码列出了企业经营失败的概率。有意思的是，所有类型的业务中，殡葬服务公司的失败率是最低的。仔细一想，这很正常。

- 每个人都希望自己心爱的人能体面地走完人生最后一段旅程。他们不会追求低价位。他们会遵照传统，并使用家族一贯使用的殡葬服务公司。
- 我想没有哪个年轻人长大后愿意成为殡葬业的大亨。这个行业本身的性质决定了不会有很多新成立的公司。
- 沃伦·巴菲特一直说，变化太快的行业并不是理想的投资对象。每个家庭为自己心爱的人最后一程所选的仪式和服务，都是预先设定好的，甚至几百年都不会改变。即使火葬代替了土葬，人们也是经历了很长时间才逐渐适应的。
- 美国的人口一直在增长，未来几十年里还会继续增长，这将导致未来多年里收入将持续上升。
- 虽然人们预期寿命的增加会给殡葬服务业的短期收入带来影响，但是这个行业的预售却越来越普遍。许多公司的预售收入占整个公司收入的 25% 左右。试想一下，如果你所处的行业，客户愿意今天就支付你未来 40 年都不一定需要交付的业务，你会有怎样的感觉？

鉴于此，殡葬服务企业的股价应该溢价明显，而市盈率也应该是两位数。这些公司的现金流量比较稳定，但是华尔街却毅然抛弃了这个看似稳赚不赔的行业。

2000年7月，Stewart公司是如何偿还债务，避免了违约的，没有知道其中的内情。华尔街认定这家公司前程尽毁，肯定会因无力偿债、股价暴跌而破产。

当时，Stewart公司的年收入约7亿美元，拥有700多个墓地和殡仪馆，遍布9个国家，其产业大部分在美国。Stewart公司的有形账面价值为每股4美元。由于股票的账面价值还包括土地，市值为账面价值的一半，也就很容易理解了。

截至2000年4月30日，Stewart公司半年的利润额和现金流大约为3800万美元，即每股价值为0.36美元。从年化的角度来看，一年的自由现金流量可以达到每股0.72美元。股价不足现金流量的3倍，是年化收入的1/4。

从表面来看，数百家民营殡仪馆被收购后，这个行业并没有发生巨大的改变。由于这些小企业在各自的社区都有很好的口碑，因此收购后，依然沿用了它们的商号。但是这些企业的后台管理、销售、预售业务等都得到了精简，遵循了集团运作的模式。每个殡仪馆经营状况良好，自由现金量在预期的范围内。所有母公司的财务赤字是最重要的问题。

债务到期时，公司的自由现金流有1.55亿美元。亏损会控制在3.5亿美元以下。可以肯定的是，Stewart公司未来24个月面临的情况无外乎下面5种。

（1）每个殡仪馆都是独立的经营实体。Stewart公司购买了数百家民营殡仪馆，业务在不断发展壮大。每个殡仪馆都保持了自己原有的名称。绝大多数客户甚至不会注意到这家殡仪馆已经易主。因此，为了筹措现金，Stewart 公司不得不选择出售自己名下的几家殡仪馆，最好此前的老板能把这些殡仪馆买回去。Stewart 公司为收购每一家殡仪馆，支付的价格是当时这些公司现金流量的 8 倍甚至更多。我估算了一下，如果以至少 4～8 倍现金流的价格，可以把这些殡仪馆再卖给其原来的所有者。那么，大约可以出售 100～200 家殡仪馆来还债。

个人认为这种情况发生的概率	25%
24 个月后股票价格	超过每股 4 美元

（2）借款给 Stewart 公司的贷方或者银行可以仔细看一看公司稳定的现金流和可靠的业务模式，决定延长还贷期限或者允许以贷还贷，尤其是 Stewart 公司答应支付高额的利息（比如要比现行基准利率高 200 个点）。

个人认为这种情况发生的概率	35%
24 个月后股票价格	超过每股 4 美元

（3）Stewart 公司可以寻找另外一个贷方。由于公司的现金流很给力，很有可能找到其他贷方，尤其是 Stewart 公司愿意支付比现行基准利率高 100～200 个点的利息。

个人认为这种情况发生的概率	20%
24 个月后股票价格	超过每股 4 美元

（4）Stewart 公司破产。在像 Stewart 这样的公司破产的时候，法官会勒令某些业务被拍卖，利用所得现金来继续清偿债务。由于出价购买的买

家很多，即使卖不了好价钱，这些殡仪馆照样可以以至少 5～7 倍现金流的价格出售。至少会有几百个殡仪馆出售，公司就会摆脱破产的情况。

个人认为这种情况发生的概率	19%
24 个月后股票价格为	大于每股 2 美元

（5）出现了直径为 50 英里⊖的流星掉到地球上，黄石公园的岩浆喷发或者其他极端事件的时候，Stewart 公司的股值跌到 0。

个人认为这种情况发生的概率	1%
24 个月后股票价格为	每股 0 美元

显然，情况如何发展，非常不确定。全部赔光的风险概率不足 1%。这是超高不确定性和超低风险性的典型案例。在这种情况下，华尔街一定会完全不理智地表现出将公司市值贬低，这样一来，我们就有了投资的绝佳时机。通常情况下，投资回报会相当不错。

当时我还没有听说过凯利公式。只要我有三年级的数学水平，就知道这是一个非常划算的投资（顺便提一下，按照凯利公式的提示，应当拿出全部净资产的 97% 来投资）。

2000 年第三、四季度，帕伯莱基金把总资产额的 10% 投资到 Stewart 公司的股票。当时该公司的股价不到 2 美元，我打算在两年内，股价升至 4 美元以上后抛掉。

几个月以后，在 2001 年 3 月 5 日的一个会议上，公司宣布已经开始考虑出售其在欧洲和墨西哥等地的墓地和殡仪馆。公司的国际资产

⊖ 50 英里约为 80 公里。——译者注

带来的收入占总收入的 20%，但是却没有给公司带来太多的现金流量。Stewart 公司在美国以外的资产数额有 4.6 亿美元。当一部分不确定的因素明朗后，公司股价从每股 2 美元上升至 3 美元。

出售这些资产，Stewart 公司大约可以获得 3 亿～5 亿美元的资金。公司的管理层经营得比我预想的还要好。他们能在不减少现金流的前提下清偿了债务。这表明，投资股票所在的公司能干的管理层能想到更好的方案，我们的投资回报就有更大的上升空间。

2001 年 3 月，Stewart 公司还清了 5000 万美元以上的债务，现金流依然比较强劲。几个星期后，Stewart 公司的股价超过了每股 4 美元。后来，Stewart 公司出售了一些殡仪馆和资产后，股票飙升到 6 美元，并在 6～8 美元徘徊了很久。

华尔街无法辨认风险和不确定性，经常会弄不清楚状况。像巴菲特和格雷厄姆这样精明的投资者多年来一直利用市场先生的弱点，获得了丰厚的投资回报。如何利用市场先生的弱点赚钱？只要找到低风险、高回报的交易机会就行。

Level 3 通信公司的可转换债券

2001 年和 2002 年，Level 3 通信公司的可转换债券再次表明了通过低风险、高不确定性的投资能获得丰厚的回报。Level 3 通信公司是全球网络宽带和通信业务的运营商。Level 3 通信公司成立时是为了开发运营全球的互联网协议，提供世界上最廉价的数据传输业务。[2]

对我而言，任何有关技术的投资，只要行业性质不可预计或者变化很快，5秒钟不到，我就会立马回绝。所以我几乎不考虑通信行业的投资。快速变化的行业是投资的天敌，这就是为什么憨夺型创业者只关注那些长远来看变化不大的行业。我受雇于泰乐通信公司5年的经历进一步强化了这个观点，这是一个瞬息万变的行业，最好不要去投资这样的行业。

2001年中期的时候，我在《巴伦周刊》[3]（Barron's）读了一篇文章，这让我重新审视自己的顾虑，开始研究Level 3通信公司。这篇文章提到据说伯克希尔–哈撒韦公司购买了3.5亿美元Level 3通信公司的低价债券。我很感兴趣，想知道为什么巴菲特会投资这个前途未卜、瞬息万变的通信行业，他平常投资的可是可口可乐和吉列公司（Gillette）这样稳定的企业。另外，他曾多次声明他不懂高科技行业，他一般不投资他不懂的行业。如果谣传是真的，为什么巴菲特要投资Level 3通信公司？

通过研究，我很快发现了下列情况。

Level 3通信公司是由彼得可维特公司（Peter Kiewit & Co.）在奥马哈组建。1998年举行了首次公开发售。2000年第一季度纳斯达克股市上涨风潮中，该公司的股价最高达到了每股130美元，市值最高达到460亿美元。到了2002年，该公司的股价比其最高值降低了97%。Level 3通信公司投入100亿美元在全球各地包括欧洲和亚洲建立了最先进的光纤互联网协议服务网，包括速度快、横跨大西洋的高速通信光缆。这笔支出主要由贷款和股市资金支付，股市的负债值达到60亿美元。同时，公司还有150亿美元现金和6.5亿美元的银行贷款。

表13-1按照优先级顺序列出了2001年12月31日Level 3通信公司的负债情况。

表 13-1　2001 年 12 月 31 日 Level 3 通信公司的负债情况

（单位：千美元）

银行贷款	1 125 000
按揭贷款	232 000
担保额总计	1 357 000
2008 年优先票据 9.125%	1 430 000
2008 年优先票据 11%	442 000
2008 年优先票据 10.5%	583 000
2008 年欧洲优先票据 10.75%	307 000
2010 年优先票据 12.875%	386 000
2010 年欧洲优先票据 11.25%	93 000
2010 年优先票据 11.25%	129 000
优先非担保总额	3 370 000
2010 年可转换次级票据 6%	728 000
2009 年可转换次级票据 6%	612 000
次级无担保总额	1 340 000
总额	6 067 000

2001 年和 2002 年，绝大多数 Level 3 通信公司价值 40 亿美元的非担保债券以 18～50 美分兑 1 美元进行交易，年化收益是 25%～45%。这样的收益率一般是破产的企业才可能有的，对一般企业而言，让人难以接受，更别说这些都是现行的债券。出现这种价格，说明华尔街已经完全认定 Level 3 通信公司即将破产，而破产后再去收回这些债券就不值钱了。

2001 年以前公司的收入状况为：

（单位：亿美元）

1998 年	3.92
1999 年	5.15
2000 年	12
2001 年	15

2001 年除去资本支出后的自由现金流是：

（单位：亿美元）

1999 年	−29
2000 年	−44
2001 年	−21

2002 年，公司宣布其负现金流将少于 10 亿美元；2003 年负现金流低于 5 亿美元；2004 年，现金流将转为正值。该公司希望利用 20 亿美元以上的缓冲资金，最终把现金流转正。鉴于互联网经济泡沫和资本市场的不利情况，公司对资本支出把控得非常严格。

Level 3 通信公司的 CEO 吉米·克劳（Jim Crowe）每次在公司大会上都强调，他们绝对不允许出现资金掉链子的情况，他们坚信公司能够维持现金流收支平衡，未来 80% 的资本支出都与收入挂钩。Level 3 通信公司不断向全体员工强调，如果没有收入，他们绝不会乱花钱。公司 CEO 详细地向大家说明资金不可以消耗过度的原因。以下 2002 年 2 月 25 日，Level 3 通信公司在新闻发布会上透露的：

"考虑所有近期开展的交易和事件，"CEO 吉米·克劳说，"我们认为公司现在的现金流比较健康，有充分的资金保证收支平衡。与我们的商业计划对应，我们有相应的缓冲资金，哪怕近期我们的销售额不会大幅度增长。"[4]

分析师预计 Level 3 通信公司最终会出现 5 亿美元资金的缺口。他们预计收入会减少，但是资本支出却不会减少，因此资金缺口在所难免。公司完全不同意这种预测，因为他们每一分钱的支出都与收入严格挂钩，并且大大削减了资本支出。

在我的个人研究中，我花了三个小时的时间来收看 Level 3 公司 2001 年年会的网络转播，包括 CEO 吉米·克劳的问答环节。我觉得吉米·克劳非常了不起。我是巴菲特的粉丝，也非常认同巴菲特对于股票持有的观点和倾向。Level 3 通信公司有 5000 多名员工持有优胜股票期权（outperformance stock options），这种期权只有当股票的回报表现超过了基准指数表现后才能生效。

Level 3 通信公司的创始人兼董事长是沃尔特·斯科特（Walter Scott），他也是伯克希尔 – 哈撒韦公司的股东。巴菲特和斯科特彼此相识已有 50 年之久。斯科特的妻子是巴菲特的高中女友。这两个男人有着多年的老交情。这世界上如果只有两个正直的人，一个是巴菲特外，另一个便是斯科特。他根本不会撒谎，他对银行所说的每句话都是真话。

2001 年，可转换债券曾经跌到 18 美分。当你看到华尔街的预测后，即使是最悲观的人，也会认定债券利息 3 年内就能得到偿付。债券的利率是 6%，以 18 美分的价格买入面值是 1 美元的债券，那么在 Level 3 通信公司资金耗空之前，就可以收回所有的投入。即使投资者对于斯科特一无所知，这样的投资也没有任何赔本的风险。而债券能掉到这样的价位，本身就很不可思议。

2001 年和 2002 年，帕伯莱基金把 10% 的资产投资买入 Level 3 通信公司的优先债券和可转换债券。结果我发现，早在巴菲特投资 Level 3 通信公司前一年，我已经投资了这家公司（《巴伦周刊》的提法是正确的）。当时的收益是 20% ～ 30%，到期收益率是 30% ～ 40%。

2003 年第三季度，我完全退出了债券市场。债券价格从 54 美分兑

1 美元上升至 73 美分兑 1 美元。此外，帕伯莱基金还收取了所有的利息，利息率超过 20%，平均年化收益是 120%，整体的收益与长期资本收益持平。为了更好地获得长期收益和优惠的税收待遇，很多债券在持有 366 天后，就会出售。

Level 3 通信公司的研究是需要花些时间和人力来开展的，但结论非常简单，就是要判定每种情况发生的概率。我仔细考虑了这笔投资可能能出现的四种情况。

（1）在投资中，相关人员的品德起着非常重要的作用。我觉得斯科特撒谎的概率低于 1%。吉姆·克劳在新闻媒体或者公司年会上发表声明，那么这与斯科特发表声明的情况是一样的。我觉得吉姆·克劳公然在媒体上撒谎的概率也是低于 1% 的。华尔街甚至没有打算思考这个重要的事实。对他们而言，整个行业在走下坡路，里面的人以及他们说的话，并不重要，但是人很重要。

（2）如果吉姆·克劳没有撒谎，从他们发表的声明就可以知道，他们会竭尽全力，不会让公司破产。这个公司不会随便认输，然后申请破产。他们会竭尽全力，排除万难。这表明，他们会保持着 21 亿美元的资金，帮助公司的现金流保持正值。21 亿美元的流动资金意味着 Level 3 通信公司的债主能在未来 3 年时间里会收到相应的利息。

（3）优秀的管理层会保证你投资的成功。斯科特有很高的声望。Level 3 通信公司和 20 世纪 70 年代初 GEICO 保险公司面临的情况是一样的。巴菲特向 GEICO 保险公司透了一笔资金后，做了两件事情：①这笔资金帮助解决了 GEICO 保险公司的流动性危机；②流动性疑云已消，股票价格反弹，并最后按照市场基本面的情况交易。一旦巴菲特投资了,他就不想赔钱。如果 Level 3 通信公司手头有更多的现金,其债券就能正常运行,那么就会大大吸引人们的投资。Level 3 通信公司有巴菲特的支持,还有其好朋友的斯科特的赞助,那么 Level 3 通信公司就有了排除一切流动问题的筹码。未来几年时间里,有了这些关键人员的人品做保证,Level 3 通信公司还能获得更多的筹码。

(4) 2003 年,我根本不知道具体是怎么操作的,Level 3 通信公司的确利用了这些筹码。它进行私人可转换债券的发售,和这家公司关系甚好的机构和基金,包括伯克希尔－哈撒韦公司、长叶合伙基金(Longleaf Partners)和莱格梅森价值信托都投资了上千万美元。如今,一旦巴菲特、比尔·米勒(Bill Miller)、斯特利·凯茨(Staley Cates)和梅森·霍金斯(Mason Hawkins)公开用自己的资金来支持 Level 3 通信公司时,Level 3 破产的概率就降到了 0。这些投资者给 Level 3 通信公司提供的光环表明,如果 Level 3 通信公司需要更多的资金,就能轻易地从一大撮久负盛名的投资者中获得资金。一旦发售完成后,债券的价格反弹了,我就退出了。2006 年,我抛售的时候,Level 3 通信公司并没有申请破产。相反,绝大多数 Level 3 通信公司的债券都以高于面值的价格交易。它彻底走出了阴霾。

根据上述信息,2002 年这些利率为 6% 的可兑换债券以 19 美分交易的概率很小。

2009 年以 1 美元价格买进,2002～2009 年的利息超过 30% 的概率	50%
不赔不赚的概率	45%
损失 0.13 美元的概率	2%
全部赔光的概率	3%

每投资 19 美分，我们有 50% 的概率收获 1.36 美元，有 95% 的概率不会丢失本金。这就好比是典型的"情况好，我赚得多；情况不好，我赔得少"。凯利公式表明我们应该拿出 92% 的净资产来投资。由于我很胆小，我只拿出了 10% 的个人净资产来投资这种可转换债券。

利率为 6%、2009 年到期的债券，在 2001 年和 2002 年的短短几天的时间里下降到了 18～19 美分，然而那段时间这种债券有好几个月的成交价不到 30 美分。当债券停留在那个价位时，我们本可以轻松地投入几百万美元。在 30 美分的时候买入，保守估计也能带来不错的回报。

2009 年以 1 美元价格买进，2002～2009 年的利息超过 30% 的概率	50%
获得 0.19 美元的概率（损失了 0.11 美元）	45%
损失 0.24 美元的概率	2%
全部赔光的概率	3%

这样看来，这也是让人垂涎的投资，凯利公式建议我们至少要投资个人净资产的 86% 来投注。

📈 油轮公司 Frontline

华尔街根本没有能力辨别风险和不确定性，看看 Frontline 公司在 2002 年第三季度的交易模式和定价就知道了。我定期查阅《价值线》每周发布的最高收益股票清单。当然，最多有几个公司的收益在 10%～12%。高收益往往表明某只股票的价值被低估。和较低市盈率或者股价一年连续走低的指标一样，最高收益股票值得一看。

2001 年，我留意到有两家公司的最高收益超过 15%。[5] 两家公司都处于原油运输行业。一家名为骑士桥巨型油轮公司（Knightsbridge）。

我对原油运输行业一无所知，但是希望能了解这个行业的运营模式，及其收益居高不下的原因。我花了好几天的时间研究骑士桥公司和原油运输行业。⁶

若干年前，骑士桥公司刚成立时，从韩国的造船厂定制了几艘油轮。购买一艘巨大的油轮或者苏伊士型油轮（Suezmax）需要6000万～8000万美元，订购后两三年才能交付。在收到这艘油轮后，骑士桥公司将这些油轮长期出租给壳牌（Shell Oil）。无论壳牌公司是否使用，壳牌公司都需向骑士桥公司支付一定的基准租金（如每艘油轮1万美元）。此外，壳牌公司还要按照油轮租赁基准价和市场价的价差向骑士桥公司支付一定比例的费用。

比如，如果油轮租赁的市场价是每天3万美元，而骑士桥公司每天可以收取2万美元；如果市场价是每天5万美元，骑士桥每天可以收取3.5万美元，依此类推。收取基准租金，骑士桥能够偿还为购买油轮欠下的账款本金和利息。当租赁费超过1万美元时，就会出现正现金流；当公司将所有的多余现金按照收益向各位股东发放时，这将带来不菲的回报。我敢肯定所有的上市公司都会做出同样的选择。

由于油轮经营的结构特殊，契约约定一切经营条件，当油轮费用迅速上涨时，公司的收益也相应走高。2001年当油轮租赁价从每天的两三万美元飙升到8万美元时，收益创下新高，当然，这种状态不能持续，也是不可持续的。

正因为如此，股价不可能一飞冲天。油轮租赁费波动不可能非常大。当我研究骑士桥的时候，我还看了一下其他原油运输行业的上市企业。由于收益可能会降到0，所以我不可能投资骑士桥公司。

投资领域中，所有的知识都是逐渐积累起来的。我虽然不投资骑士桥，但是我可以了解这个行业。2001年，我开始关注一家名为Frontline的油轮运输公司。Frontline公司的业务模式与骑士桥的业务模式恰恰相反。该公司有世界上最大的巨型油轮队。整个船队的经营都在现货市场上，很少有长期租赁业务。

由于Frontline公司是在现货市场上做生意的，根本没有收益预期或者指导这样的概念。公司的CEO本人也不知道下一季度的收入情况如何。这个情况对我们很有利，因为每当华尔街开始摸不清情况的时候，就是投资者赚钱的时候。这是一个能够给我们带来巨额投资回报的企业。

从历来的数据看，油轮租赁的费用在每天6000美元至100 000美元之间波动。公司收取每天18 000美元，才能保本。如果租赁费低于每天18 000美元，那么就会赔钱。一旦油轮租赁费上升到每天30 000或者35 000美元，公司就能大赚一笔了。在2002年的第三个季度，油轮租赁费暴跌。美国经济衰退和其他因素导致了原油运输业大幅度缩水。租金已经跌到每天6000美元。Frontline公司的股价也从每股11美元跌到每股3美元。

Frontline公司大约拥有70艘巨型油轮。每天的租赁费大跌时，每艘油船的价格没有发生大幅度的变化，大概降低10%～15%。巨型油轮市场的买卖非常活跃。Frontline公司的有形账面价值是每股16.5美元。考虑到油船市场非常不景气，Frontline公司股票清算价值为每股11美元。短期内股价从每股15美元跌到了3美元（见图13-2）。Frontline公司的股价还不到其内在价值的1/3。

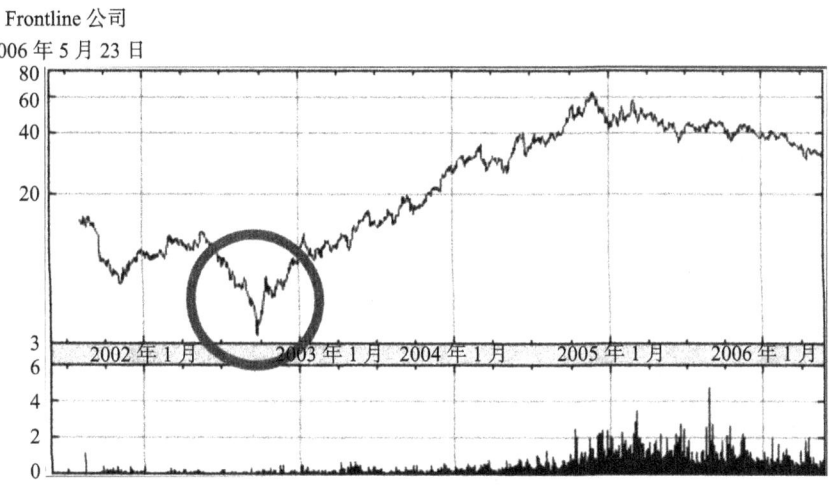

图 13-2　2003 年 3 月 Frontline 公司高度非理性的定价
资料来源：2006 年雅虎集团版权所有，翻版必究，http://finance.yahoo.com。

那么 Frontline 公司具体损失多少？它的清算价值也在下跌吗？Frontline 公司有很多现金，流动性很好。如果发生连续好几个月租金都是每天 6000 美元，Frontline 公司也不会发生清算危机。此外，如果 Frontline 公司出售自己的油轮，就能筹措 6000 万美元。只要每年卖出两三艘油轮，就能保证公司在每天 6000 美元租赁费的前提下运营好几年时间。

我针对骑士桥公司的研究表明油轮市场有个反馈的时差。市场上有两类油轮：单壳和双壳油轮。在埃克森·瓦尔迪兹号油轮原油泄露事件爆发后，各国规定所有新建造的油轮都必须是不易发生泄漏的双壳型。整个 Frontline 公司的船队都是双壳油轮。

但是，20 世纪 70 年代开始，市场上有大量传统的单壳油轮，它们还在经营运输业务当中。如果双壳油轮的现货市场租赁价格是每天 3 万美元，单壳油轮的租赁价通常是每天 2 万美元。用单壳油轮从中东运输到中国或者印度是可以的，但是壳牌或者埃克森公司不会租赁单壳油轮，因为如果发生原油泄露的意外，就会被追究严重的责任。第三世界的国家对于使用单壳油轮还是双壳型进口石油并不在乎，因此所有的双壳油轮都用在欧美的航线上，但如果租赁价格每天是6000美元，单壳油轮和双壳油轮之间的价差就不复存在了。

人们不再租赁单壳油轮，因为租赁单壳或者双壳油轮价差不复存在。每个人都开始启用双壳油轮。按照每天6000美元的租金来算，单壳油轮船队的收入骤降为0。由于单壳油轮带来的收入为0，所有拥有单壳油轮的公司都开始心里打鼓。它们可以把这些单壳油轮出售给那些拆船者，然后立马拿到几百万美元。它们也知道截至2006年，它们租赁的能力会大大减少。另外，我们如果继续等到2006年，这些油轮被废品收购的价格也会大大减少。假设2006年以后再去报废，废品回收的价格就会被压低更多。因此，每当油轮租赁价格下降的时候，单壳油轮的报废率会大幅提升。

新油轮的交付需要两三年的时间。当市场上对油轮的需求回升，由于产能不可能迅速提升，那么存货就会非常紧张。这样的生产交付周期无法随意改变。每当租赁费降低到每天6000美元，按照这样的费率租赁延续数周时间，因供应有限，租赁费很有可能飙升至每天60 000美元。对于Frontline公司而言，油轮租赁费每天不到10 000美元的情况持续了几周，突然于2002年第四季度上升至每天80 000美元。2002年全球各地共有巨型油轮400艘。过去几十年里，全球油耗量每年平均提升2%～4%，这种上升通常与GDP的增长关联。通常每年会有10～12艘油轮进入市场满足新增的需求。当报废率增长率超常时，船队规模不会以每年2%～4%比率增长。当市场对原油的需求量上升时就会出现油轮不够用的情况。能够应运调整的，只有油轮的租赁价格，而且很有可能是瞬间出现天价。

如果油轮租赁价格持续较久，新船建造的订单就会增加。但由于造船厂的产能限制，新船出厂的数量有限。油轮运营者要投入7000万美元购买一艘3年后才能交付的新油轮，而届时油轮租赁费未知，对于这样的投资项目难免会格外警惕。因此在租赁费高的时候，新船制造的订单会增多。而当租赁费下降的时候，船体的报废率也会上升。

当Frontline公司的股价不断下跌时，董事长却在市场上大量收购公司的股票。这通常是一个非常明显的信号。我在2002年秋季以每股5.9美元的价位买入大量的股票，只相当于清算价11～12美元的一半。一旦股价上涨超过9美元，逼近10美元时，我就开始抛售股票。短短的时间里，我完成了上述交易，最终获得了很高的年化收益。帕伯莱基金对Frontline公司的投资获得了55%的回报，年回报率为273%。当初，我只是通过阅读行业信息了解了油轮运输业的情况，凭此进行了一场几乎无风险的投注。这比典型的憨夺型投资还要让人赞赏。我采用的投资理念就是：情况好，我赚得多；情况不好；我赚得不多。

Stewart公司、Level 3通信公司、Frontline公司三家企业各自属于不同的行业，几乎没有任何共同点。市场先生为三个公司找到了共同之处。在短短几个月内，它为我们提供了风险很低、回报很高的投资机会。这些投资几乎没有任何赔本的风险，但成功的机会却很明显。经典的憨夺型投资：情况好，我赚得多；情况不好，我赔得少。不过投资这些企业的股票，成功的概率超过50%。即使情况不好，也意味着投资者保本或者赚得不多。

恐惧和贪婪是人类最基本的心理。只要人们凭借自己的情绪在市场上做出投资决定，定价就会受到恐惧和贪婪心理的影响。当极度恐惧的情绪占据整个市场时，就会出现非理性行为。所以这个时候，股市就如同一个剧院，里面的观众看到烟雾就会大喊："着火了！着火了！"人们会不顾一切冲向紧急出口。在股市这座剧院里，只有当别人购买了你的席位后，你才能离场，你想这个时候你能以多少价位卖出座位？真正的投资秘诀在于只购买那些没有着火的剧院的座位，那里的观众虚惊一场，或者购买那些火势即将扑灭的剧院。大家着急离场，你要抓紧时机进场。一定要大量阅读行业和财经新闻，安静耐心地等待。如若你做到了，美妙的投资机会就会不请自来。

第 14 章
Chapter 14

憨夺型投资法则 403：投资中模仿好过创新

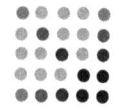

最先懂得在美国经营汽车旅馆行业的帕特尔人是拓荒者。成千上万一代又一代的帕特尔人所做的事情是不断重复这种经营模式，他们并没有创新。他们只是按照一个经过实践证明切实可行的商业观点进行经营，并不断扩展业务规模。

南加州最富裕的南亚人是 B. U. 帕特尔先生，他是一个沉稳低调的人。1976 年，他买入了美国加州阿纳海姆城（Anaheim）一个只有 20 间客房的沙丘汽车旅馆，就在迪士尼公园的外面。[1] 如今，B. U. 帕特尔先生拥有 15 座大型酒店［包括拥有 1033 间客房的阿纳海姆万豪酒店（Marriot）和洛杉矶的希尔顿切克斯酒店（Hilton Checkers）］。

B.U. 帕特尔先生 30 年前在南加州成功经营汽车旅馆的时候，很多帕特尔人进入这个行业，利用这种相对简单、容易执行的商业模式在美国立足。他们可以轻而易举地将这种业务模式在其他 49 个州执行，他们甚至可以在 5 公里之外的地方开一家旅馆，但却会构成和同乡的竞争。

不要误解我的意思，这些模仿前辈经营的帕特尔人都很勤奋努力。他们在执行一个经过验证的、几乎没有风险的商业模式。这种商业模式的力量体现在其商业经营的数据中。从一开始，帕特尔人是来到美国逃难的异乡人，如今他们已经成了美国旅馆行业的主要经营者（每 5 座旅馆就有一座是帕特尔人经营的）。这种数据还不包括像马尼拉尔·乔杜里这样的人。他来自印度的古吉拉特邦，但并不是帕特尔人。马尼拉尔也深入地研究了这种商业模型，通过实践不断扩展业务。创新是风险很大的事。要投资于模仿他人的商业模式，还要不断推陈出新，这才能把传统的业务不断发扬光大。

案例研究：麦当劳集团

绝大多数创业者是从现有的其他企业或者之前的雇主那里学来商业经验，然后开始实践自己的创业理想的。雷·克洛克（Ray Kroc）喜欢麦当劳兄弟俩在加州圣伯纳迪诺开的汉堡快餐的业务模式。[2] 1954年，他买下了这个品牌和专利技术，几乎没有对商业模式做出任何改变就拓展这种快餐店的业务模式。很多创新并非来自拥有强大资源的公司内部，而是来源于街头和连锁店竞争者的聪明智慧。公司可以够聪明，聪明到研究竞争对手或者他人的业务模式为我所用。这里列举一些创新行动。

- 麦当劳的业务模式是受到华盛顿特区一些连锁店经营模式的启发而确立的（1963年）。[3]
- 辛辛那提（Cincinnati）的一家连锁店开发了麦香鱼（1963年）。[4]
- 匹兹堡（Pittsburgh）的一家快餐连锁店发明了巨无霸（1968年）。[5]
- 圣巴巴拉（Santa Barbara）的一家快餐连锁店发明了烟肉蛋汉堡（1973年）。[6]
- 麦当劳汽车餐厅得来速本来是亚利桑那州（Arizona）的一家快餐连锁店的发明（1975年）。[7]
- 麦当劳从汉堡王那里借鉴了儿童套餐的做法（2001年）。[8]

虽然像汉堡大学（Hamburger University）这一类的创新对公司的成功非常重要，但是很多由麦当劳总部利用各种资源发起的创新却没能通过市场的检验，最终失败了。著名失败的案例如下。

- 呼啦堡（Hulaburger）是雷·克洛克的杰作。主要是用苹果片代替肉来做汉堡中间的夹层。原先这一款产品是为了不允许在周五吃肉的罗马天主教徒准备的，但是这款产品非常失败。（1963 年）。[9]
- 豪华瘦身汉堡（McLean Deluxe）本身是以足三两汉堡（Quarter Pounder）的低热量版的姿态面市的。结果推出后，就在市场上栽了个大跟头（1991 年）。[10]
- 招牌汉堡（Arch Deluxe）一开始趁着铺天盖地的高调营销风潮推出，结果顾客不买账，很快就从麦当劳的菜单上消失了（1996 年）。[11]

案例研究：微软

微软公司（Microsoft）的创始人比尔·盖茨（Bill Gates）和保罗·艾伦（Paul Allen）都是天降奇才，他们的创业史也是个人的奋斗史。微软于 20 世纪 70 年代中期成立，主要是为新兴的微型电脑开发 Basic 语言。1980 年，微软这个初生牛犊迎来了首份重要的订单，即为 IBM 准备发布的个人电脑提供 MS-DOS 系统。不过他们面临了一个问题：微软没有适合 IBM 个人电脑的操作系统。这没有难倒微软。

他们说服了 IBM 公司，说微软正在开发一个操作系统，能在 IBM 发布个人电脑前完成。[12] 这其实是个谎言。微软接着从一家名为西雅图计算机公司（Seattle Computer）那里以 5 万美元的价格购买了 QDOS 操作系统的所有版权（所谓的 QDOS 是指快捷易用操作系统，即 Quick and Dirty Operating System）。微软把这个操作系统改装后，推出了 MS-DOS 和 IBM-DOS 操作系统。[13] 这个让微软声名鹊起、迅速发展成为全球型公司的旗舰产品并非是微软的原创,而是借鉴自西雅图计算机公司。

这才是微软崛起的第一步。1981 年,盖茨拜访了苹果公司,了解了苹果的麦金塔电脑(Macintosh)的模型以及苹果最新的两项技术,即图形用户界面(Graphical User Interface)和鼠标。盖茨深信平面用户界面和鼠标将是未来个人电脑必备的一部分。1983 年,微软工程师明确了如何使用端口来连接鼠标。微软的另一个基础性创新也是借鉴自其他公司,推出后获得了快速的推广。[14]

微软现在在语言编辑(如 Basic)和操作系统方面已经练就了炉火纯青的本领,但在软件应用方面尚不具备专业资质。他们留意到早期的工作表 VisiCalc 应用非常普遍。最终微软推出了 Excel 表格,相当于照搬了 Lotus1-2-3 和 VisiCalc 的很多功能。Word 的很多功能都是借鉴流行软件 Word Perfect 的很多东西。PowerPoint 是由一个位于旧金山的小型软件公司开发的,后来微软收购了这家公司。

微软公司在网络开发方面资质不足。20 世纪 80 年代末和 90 年代初,联网技术逐渐发展起来,Noverll 公司的 Netware 操作系统成了公认的标准。微软模仿 Netware 和 Unix 的联网功能,合并建立了 Windows NT,最终成功地把整个联网技术的市场从 Novell 公司手里强夺了过来。[15]

Intuit 的 Quicken 软件激励了微软推出 Money 软件。这是公司碰到的仅有的几次失败之一。微软从来没能把 Money 做得跟 Quicken 一样好。最终,微软决定放弃,并试图收购 Quicken。这个交易从未成功,微软的 Money 依然赶不上 Quicken。掌上电脑 PocketPC 是从 Palm 计算公司拷贝过来的。Windows Mobile 就是 Palm 操作系统的翻版。

当网景（Netscape）浏览器面市时，微软一时无法应付，便从望远镜娱乐公司（Spyglass）获得了浏览器的许可权，并最终研发出了微软浏览器 Microsoft Explorer。为了打压网景浏览器，微软将 Explorer 和 Windows 绑定在一起，几乎是免费赠送了。很多国家的政府在纷纷采取各种反垄断的法律行动，反对微软的这种做法。

微软借鉴其他公司的产品为我所用的例子还有很多。Xbox 源自于任天堂（Nintendo）和索尼 PlayStation。SQL 服务器原先来自 Sybase 的授权。Media Player 和 Real Player 类似。之后，微软又盯上了谷歌。MSN 研发团队设在海湾地区，就在谷歌公司的后院。微软一直在不遗余力地试图挖谷歌公司的墙角。

微软公司对于外部发生的创新反应迅猛，都能以迅雷不及掩耳的速度消除潜在的危险。他们在投资创新行动前，会先弄清楚客户对别家公司创新成果的认可程度。这是非常有效的战略。一位曾经在微软公司工作的管理人员告诉我，微软一旦设定了明确的目标，就能出成果。公司仿制 Netware 或者 Lotus1-2-3 时，对产品的外观或者收入有明确的规定。这就是明确树立、实现目标的典范。

而每次微软公司试图引领行业潮流或者创新的时候，就会状况百出。它所倡导的".Net"项目，计划一直不清楚，开展多年也没有什么进展。微软的 Vista 操作系统应该是具有革命意义的产品，要是它赶不上苹果当前的产品，我也不会感到惊讶。

微软擅长模仿和业务开拓。在跟踪敌方产品、消除潜在威胁方面，成功率高达 90%。谷歌与微软的战斗最终结果如何，我们无法预测。微软公司现在有 6 万多名员工，它虽然一向反对官僚作风，但是这样庞大的机构也不免落入俗套。如果现在我只有两个选择，要么投资谷歌，要么投资微软，我会毫不犹豫地选择微软。这是一场创新和模仿者之间的竞争。优秀的模仿者能够成就长存的事业；而创新充满了变数，克隆是确定的。

案例研究：帕伯莱投资基金

比尔·盖茨开创了模仿的传统，我承认帕伯莱投资基金也是一个厚脸皮的模仿者。1999 年创立帕伯莱投资基金时，我从来没有在金融服务行业工作过。当然，我曾经花了一点时间研究 20 世纪 50 年代巴菲特合伙公司（Buffett Partnership），并比较了它和其他多数共同基金和对冲基金的表现。我有了一些自己的心得。

首先，巴菲特合伙公司有着非凡的费用结构。他不会向合作伙伴收取费用，但会针对投资回报收取绩效费用。当巴菲特给投资者带来的年化投资回报超过了 6% 后，投资者才需要支付费用。投资回报超过 6% 的部分，巴菲特收取其中的 25%，投资者拿剩下的部分。如果基金每年的收益超过 10%，巴菲特先生的酬劳就是 1%。如果基金的收益超过 30%，他的报酬就是资产的 6%。让我印象深刻的是巴菲特对于费用结构的设计非常合理。几乎所有无手续费的基金都收取资产价值 1%～2% 的费用，无论基金本身是否赚钱。绝大多数对冲基金收取 1%～2% 的管理费，以及 20% 的利润费。如果一个收取 2% 管理费和 20% 利润费的基金投资回报率上升了 10%，投资者只能收到 6.4% 的回报。

共同基金的规模很大，本身可以构成一个市场。因此，如果共同基金没有交易成本和相关的费用，它们的表现可以赶上一般股指的水平。如果情况是这样，50%的基金表现将低于指数，50%的基金表现将高于指数。但是事情并非如此。在一个活跃的共同基金中投资，需要承担一定的摩擦成本。如果你考虑了每年1%~2%的管理费用和交易费，那么长期来看，肯定会有80%~90%的基金落后于股指的表现。由于这些基本的事实，投资者宁愿投资于指数基金，也不愿意投资于交易活跃的共同基金。

我觉得巴菲特先生的收费制度非常公平。如果股票一年的平均收益是10%，那么投资于一般的共同基金只能取得大约8.5%的净收益。投资于对冲基金，一般获得的净收益是6.8%（假设费用是1.5%，利润是20%），那么投资于指数基金的净回报是9.7%。在这种情况下，投资于巴菲特合伙基金能够获得9%的收益率，几乎要比其他共同管理基金的回报都要高。

如果市场在某年增长5%，普通共同基金能够给投资者带来3.5%的净收益率，对冲基金能给投资者带来2.8%的净收益，指数基金能给投资者带来4.7%的净收益率，巴菲特合伙基金能给投资者带来5%的净收益。巴菲特合伙基金的收益率高于其他基金。

如果年化收益少于10%，投资于巴菲特合伙基金的投资者支付的费用比其他基金收取的费用低。如果年化收益高于12%，投资者支付给巴菲特合伙基金的费用就要比平均值高。如果年回报率高于50%，巴菲特合伙基金收取的费用只比费率为1%、利润留存率为20%的对冲基金高。

我认为巴菲特先生的费用结构是他的一项可持续性竞争优势。富达投资集团（Fidelity Investments）无法做到在年回报率低于 6% 的情况下不收取任何费用，否则该集团的运作就会出现危机，主要是其办公设施和员工工资的开销比较大。我觉得可以模仿巴菲特先生的收费制度成立基金。这样的基金将有两个优势：一方面这个投资非常划算，所以绝大多数共同基金和对冲基金的投资者都会进行这种投资；另一方面，大家都知道这样的收费制度，不是所有的共同基金和对冲基金都能承担得起的。虽然这种收费结构很有优势，能够让对手了解你的竞争优势，但是却让他们望尘莫及，这绝对是非常绝妙的不对称制度，能够给你带来巨大回报的情况。所以，我厚着脸皮克隆了巴菲特先生制定的费用结构。帕伯莱基金成立开始到现在已经走过了 7 个年头。绝大多数的收费结构我都原封不动。还没有迹象表明帕伯莱将不再具备这样的优势。资金管理行业没有纯粹的按照投资回报来收取费用的惯例。此外，我还发现了巴菲特合伙基金的其他特点。

- 巴菲特先生会把收到的所有报酬放入巴菲特合伙基金。很快他就成了基金最大的投资者，但绝大多数共同基金和对冲基金的情况却并非如此。绝大多数基金经理每年会把自己获得的报酬投资不动产、购买轮船、汽车和直升机。基金经理本身在基金中投放的金额对投资者而言非常重要，这也成了巴菲特合伙基金另一个重要的竞争优势。对我而言，这种办法很好模仿。如果我认定请人管理我的资金比我自己投资更好，我就犯不着去管理基金了。我应该请所有的投资人把资金投资到其他地方，而这样的竞争优势也不会轻易消失。很少有共同基金或者对冲基金会像巴菲特或者长叶合伙基金那样，绝对不主张甚至禁止基金经理将自己的资产投资于其他基金或者股票。

- 绝大多数共同基金和对冲基金经常会和投资人讨论他们的持股情况。巴菲特先生对自己的持股情况总是三缄其口。即使现在，巴菲特都很少向外界透露他在股票市场的投资组合及头寸。他认为投资并不是看客能欣赏的竞技形式。如果他和别人讨论自己当前或者将来的投资情况，这会影响他独立思考的能力，而这恰恰是投资决策非常关键的要素。巴菲特先生曾说：

    尽管我们彼此坦诚，我们只会按照法律的规定，公布必须要透露的信息。与好的产品创意或者商业并购观点一样，好的投资观点非常罕见，又很有价值，而且还会受到竞争手的蚕食。[16]

    我也照搬了巴菲特先生的这个观点，这非常受用。独立思考是良性投资的关键。不要实时讨论投资组合的头寸情况能把噪声和干扰因素降低到最小。还有一些有关巴菲特合伙基金的特征，我觉得很值得大家学习。

- 绝大多数共同基金和对冲基金都持有大量的股票。典型的共同基金持有80个仓位。即使基金经理可能从未听说过凯利公式，巴菲特先生也深受集中投资观念的影响。对我而言，我认为这一点很重要。于是，我照做了。

- 绝大多数对冲基金都有大量的机构投资者，绝大多数共同基金拥有成千上万个散户投资人，巴菲特合伙基金的这两类投资者都不多。有上百个家庭投资者投资巴菲特合伙基金。巴菲特先生一开始帮助 8 个原始的投资人管理基金，他们大多是巴菲特的好友及其家人。巴菲特帮助他们获得了很多的回报。这样，这些投资人口碑相传，吸引了更多的投资人，这些投资人本身就是义务宣传人员。他们会广而告之，告诉潜在投资者，巴菲特合伙基金的表现多么好。我也效仿巴菲特这样做。帕伯莱基金一开始也有 8 个投资者，他们大多数都是交情很深的老朋友。如今帕伯莱基金有 400 多个家庭投资者，投资于不同的基金。我们有来自全球各地约 400 多个家庭，资产是 3 亿多美元，这样的对冲基金也是少见的，因为几乎没有任何机构投资者。

- 巴菲特先生本人管理巴菲特合伙基金，根本没有分析师或者其他普通合伙人。所有的研究工作和投资决定都是由巴菲特本人做出的。几乎所有的共同基金和对冲基金都有经理和分析师组成的团队。帕伯莱基金也大胆地采用了这种模式。

帕伯莱基金的投资团队只有一个人。据我所知，资产超过 3 亿美元的对冲基金或者共同基金还没有只雇用一人来做投资决定的。1970 年有一个停止运作的对冲基金，曾经是以一个基金经理打拼天下的。巴菲特合伙基金历来只有一名老将——巴菲特先生。1970 年，当他停止了巴菲特合伙基金的时候，当时这个基金资产超过了 1 亿美元，如果这个基金一直存在，现值可达到 6 亿美元。

自 1970 年至今，巴菲特先生在伯克希尔－哈撒韦公司管理的资本超过了 1000 多亿美元。如今，尽管伯克希尔－哈撒韦公司投资团队的规模很大，但依然是由巴菲特一个人负责管理这个公司的绝大多数资产。除了管理1000多亿美元外，巴菲特先生也是北美最大的一家拥有18万员工公司的CEO。此外，他每周还要花10～15个小时玩桥牌。显然，即使管理超过1000亿美元的资金，人类的大脑依然还有空间完成其他任务。

有些人会说芒格与巴菲特一起工作，所以投资管理团队至少得有两个人。巴菲特和芒格的关系非彼寻常。芒格先生住在洛杉矶，巴菲特住在奥马哈。这两个人一个月打几次电话。每年见面的次数不少于三四次。巴菲特先生不会针对特定的投资项目和兼并事宜咨询芒格先生的意见，但两个人的沟通却少不了以下两个方面的内容。

（1）对于很多投资或者兼并项目而言，巴菲特根本不会问芒格的意见。比如，伯克希尔-哈撒韦公司收购了通用再保险公司（General Re），这可以说是伯克希尔-哈撒韦公司最大的一桩收购交易了，芒格是在收购完成后才知道这件事情的。

（2）有时候，巴菲特会问芒格，如果芒格不看好某项投资项目，或者对这项投资持有怀疑意见，巴菲特先生依然我行我素继续投资。

这并非是传统的投资管理团队，这是两个投资界的泰斗遇到分歧时，展现出的非凡自信和淡定。有时候，他们都懒得提起自己做了哪些投资和交易。

如果投资有定律，那么这些定律一定是由格雷厄姆、巴菲特和芒格书写的。其中有一个规则需要遵守，那就是投资决策最好由一个人做出。为什么这一点如此重要？

我们以 1963 年巴菲特将巴菲特合伙基金的 40%、价值 1700 万美元的资产投资到美国运通公司的情况为例来说明（见本书第 10 章）。正如芒格所说的："逆向思维，要反其道而行。"我们假定现在有 10 个投资人，正准备把价值 10 亿美元的资产进行投资。每个人都有杰出的投资背景和经历，智商都在 150 以上。他们的投资交易完成的前提是只有 10 个人都达成了一致的投资决定后才能进行。首先，让 10 个高智商的投资人完全同意美国运通公司是一只潜力股这不可能；其次，让 10 个人都同意将这么多资产的 40% 都投入这个当时看起来奄奄一息的股票。不管出于什么原因，大概是奇迹发生了吧！他们同意了以某种方式完成这笔投资。

最后，即使他们同意拿 5% 的资产来投资美国运通公司的股票，如果运通公司的股票价格再跌三成，他们会怎么办？这并非只是一个假设的问题。1973 年，巴菲特大力买进华盛顿邮票集团的股票后，该集团的股价曾经跌了一半。最近，伯克希尔－哈撒韦公司在大量买进 USG 公司的股票后，面临着 USG 的股价从 18 美元跌到了 4 美元的情况（这可是 75% 的跌幅），后来这只股票的价格飙升至每股 120 美元。

我们把这个投资团队的规模缩减一下，你会发现达成上述投资交易的概率就会有所上升。随着这些交易开展的可能性上升，年化收益也会上升。当这些回报最高的时候，你会发现你最终就有一位投资者心无旁骛地为你实现投资。

价值投资本身就要求我们学会逆向思维。最好的投资机遇在于投资那些目前正在遭遇重创的企业。连坚决拥护有效市场理论的尤金·法玛（Eugene Fama）和肯·弗兰西（Ken French）都说：1963 年～1990 年，股价与账面价值比较低的股票比该比例较高的股票每年股价涨幅要高11%以上。如果你从1963年开始就将上万美元投入股价与账面价值比较高的股票（比如谷歌公司的股票），那么到1990年，价格会涨到7.2万美元，这样的投资表现很不错。但是如果你一开始就把这笔钱投入到股价和账面价值比较低的公司股票，到1990年，你就拥有了91.5万美元。我敢说，这样的投资表现还是有天壤之别的。

问题是处于低谷的企业是那些"浑身都是问题和麻烦"的企业。尽管投资那些企业显然是让你快速致富的秘诀，但是要让整个投资团队同意下狠手，购买这些千疮百孔、看起来时日不多的股票，投资行为能够发生的概率就会很低。这也就是为什么乔尔·格林布拉特的神奇公式（见《赢得市场手册》[17]）似乎在批判那些看似整天忙碌但实际上却是事倍功半的投资经理。因为绝大多数积极投资的经理人都不会购买大量神奇公式建议人们购买的股票。我也从他们身上学到了这一招。

巴菲特先生每年会在12月31日向他的合伙人汇报投资回报情况。这很不寻常。共同基金每日呈报结果，绝大多数对冲基金按月呈报结果，而巴菲特先生每年才汇报一次，我完全能理解他的做法。真正的商业变化发生需要好几个月甚至好几年的时间。如果你投资于某个企业，你应该对于每年审阅其运营情况的模式感到满足。绝大多数企业家好几年都不知道自己企业的运行情况及其在行业中的地位。他们也没觉得这是什么大不了的事情。帕伯莱基金也遵循了巴菲特先生的汇报模式。我们要求每年播报一次。尽管如此，帕伯莱基金经常是一年向股东呈报四次。

正是巴菲特合伙基金的这些特征使其成为投资领域的传奇。我研究的时候，发现这些特征综合起来给巴菲特先生带来了如下优势。

（1）这种运作模式能最大限度地帮助巴菲特先生吸引长期的投资者。投资者会按照这些规则做到积极的自我暗示。

（2）他们为此构建了该基金独一无二的竞争优势。几乎其他投资者一辈子都没有办法实现这样的优势。

（3）他们是专门做资金管理的，他们轻而易举地通过这个行业创造大量的财富表明，投资是一个很不错的行当。巴菲特先生每天所做的投资就像是在跳踢踏舞一样有趣而轻松。

我本人可没有想出这么多的好点子，我只是单纯地分析了巴菲特合伙基金的情况，了解一点：投资中模仿和扩展规模是创造财富的利器。

雷·克洛克和比尔·盖茨是全球最伟大的企业家，他们都曾利用过其他公司创造的成果。仿效别人是他们成功的原因之一。山姆·沃尔顿（Sam Walton）一生都在学习并模仿其他零售商的经营模式。沃尔玛的经营模式、大规模等都模仿凯马特（Kmart）。如果你仔细去研究那些成功的企业模式，你会发现很多成功的点子都是由优秀的管理者从其他公司那里模仿并以新方式执行的。

为了在证券市场上投资，请不要管创新者的做法，要关注那些模仿或者发挥能力强的人经营的企业。这就是真正的憨夺型投资交易方式，即低风险、高收益的投资方式。

第 15 章
Chapter 15

激昂的困境：抛售的艺术

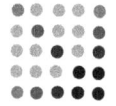

要成为一名出色的投资人,我们需要构建给力的股票买卖投资框架。本书前 14 章主要关注什么样的投资是绝佳的投资。要认清投资本身的性质买入股票,我们只是打响了投资战的第一枪。这只是相对容易的一部分。我们还需要构建一个有效的出售股票的框架。出售股票是比买入股票更加艰难的投资决策,因此需要我们构建有效的投资框架,甚至需要我们的好朋友激昂(Abhimanyu)的帮助。激昂是本章的主人公。他的牺牲能为我们这些投资人提供经验和教训,好让我们做出更加英明的投资决策,成为更好的投资人。

《摩诃婆罗多》[1](*Mahabharata*)是一部史诗巨著,由 10 万节无数行诗构成,2000 多年前用梵文在印度写就。该著作主要描述了北印度两大统治家族之间的血泪之战,里面渗透了很多高深的哲学思想。般度族与俱卢族之间的宿怨在为期 18 天的激战中达到高潮。般度族处事光明磊落,而俱卢族却阴险狡诈。

故事中提到的名字翻译如下:

- 激昂(Abhimanyu)
- 阿周那(Arjuna)
- 查克拉乌约(Chakravyuh)
- 俱卢族(Kauravas)
- 摩诃婆罗多(Mahabharata)
- 般度族(Pandavas)
- 妙贤(Subhadra)

在战斗的第 13 天,俱卢族的将军正号令军队布阵,螺旋状的查克拉乌约阵一旦形成，便很难攻克（见图15-1）。很快俱卢族的军队势如破竹，让般度族的军队节节败退，人员伤亡惨重。这可如何是好！

此刻故事进入倒叙模式，回到了16年前，黑天（Krishna）正在向他的妹妹妙贤解释破解查克拉乌约阵的方法，一定要直击螺旋的中心。如果有人能够突破重围，深入螺旋的中心，直捣敌人的统战部位，大伤敌军士气和元气，解

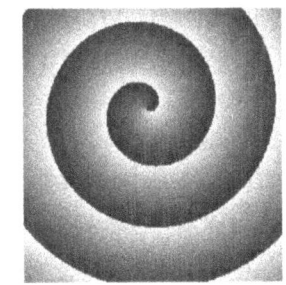

图15-1　查克拉乌约阵

决军心涣散、赢得战争便指日可待。这种破解的方法，说起来容易，做起来很难。大家都认为这样的偷袭几乎是不可能成功的。

黑天详细地向他的妹妹解释了如何突破重围、直入敌人阵势核心的恶方法。他正准备向她解释如何从阵列中全身而退的时候，发现王妹疲惫不堪，已经睡着了。黑天发现自己没了听众，就没再讲下去。但是毕竟隔墙有耳。当时还在妈妈肚子里的激昂听到了这个故事，并凭借胎儿记忆了解了作战方略。

激昂的父亲阿周那是世界上最伟大的弓箭手。有了父亲的悉心教导，激昂16岁的时候，就已经骁勇善战。发现自己的军队遭受了惨痛的损失，他提出自己要深入敌人阵列的腹地，一举拿下敌人的首领，但是他不知道如何全身而退。在重重压力下，般度族一方同意了激昂的请求，并派遣护卫紧随其后，希望能在关键时候护他周全。

凭借对黑天传授方法精准的记忆，激昂成功潜入了查克拉乌约阵的中心，并且击败了前来阻挠的俱卢族士兵。然而，俱卢族军队在他进入阵式后堵住了他的退路，般度族派遣的护卫没法随从。在阵式的核心，

激昂遭遇了9个身强力壮的俱卢族勇士的攻击，他不知道如何脱离这个阵列，只好与9个勇士奋战，最后因体力不支，伤重身亡。

激昂在战斗第13天遭遇的困境和风险投资者每天面临的情况类似，他们都面临着生死考验和胜败抉择。要捣毁查克拉乌约阵，就好比投资者决定买入股票进场，持有和抛售就如同激昂要全身而退一样。激昂的牺牲告诉我们一个真理：买进一只股票的时候，就得想清楚将来如何全身而退。

是否买入——这是一个严肃的问题

本书花了很大的篇幅探讨什么时候该买入的问题。我在这里不做总结了，但是希望提几个问题，请投资者在入场前或者进入查克拉乌约阵战斗前好好思考一下如何应对。

（1）我是否了解这个企业——这个企业的经营范围和模式是不是在我的认知范围之内？

（2）我是否了解企业今天的内在价值？我能否明确未来几年内其内在价值的走向？

（3）企业的股价是否低于其内在价值很多？未来两三年内会有多大的差异，会超出50%吗？

（4）我愿意拿我的大部分净资产投资这个企业吗？

（5）赔本的风险是不是最小的？

（6）企业是否拥有竞争优势？

（7）该企业是否由能干并且诚实的管理者管理？

如果上述答案都是肯定的，我们才需要考虑是否买进。如果你碰到了一个非常了解内情的企业股票价格目前是其内在价值一半以下的股票，由于你赔本的机会很少，所以就赶紧出手吧！如果情况不是这样，你先不要急着入场。未来的机会更加美好。

摧毁查克拉乌约阵的魔咒

很多投资者以 10 美元的价格买入某只股票，在其价格跌到 8 美元的时候就坐不住了，恨不得立马抛掉，再重新寻找下一只潜力股。看到这种现象，我总觉得甚为可惜。他们入场是为了得到回报，就像激昂进入查克拉乌约阵是为了摧毁螺旋形的阵列。到 8 美元的时候就退出，就好比激昂没过第一个螺旋就准备弃械投降了。

为了方便说明问题，我们假设在 2006 年年末，有一条在街区有个加油站待售的广告，老板要价 50 美元。我们假定该加油站 10 年后的售价可达 100 万美元。经营这个加油站每年可以获得 10 万美元的自由现金流。按照 10 年的贴现率计算，这个加油站的内在价值是多少？

如表 15-1 所示，其内在价值是 100 万美元。加油站此刻的要价只有 50 万美元，这绝对是笔划算的交易。现在我们知道了如今加油站的内在价值是 100 万美元。我们买入再卖出，可以赚 100%。我们要做这笔投资。但是两年后，有人出价 95 万美元来购买，我们该怎么办？我们得再次进行内在价值的评估。假定我们每年从中获得的现金流比较稳定，内在价值依然是 100 万美元。此外，我们还在过去两年里连续获得了每年 20 万美元的分红。如今，有人出内在价值 95% 的价格来买，我们要毫不犹豫地卖出。最后的回报表 15-2 所示。

表 15-1 加油站的折现现金流分析

(单位：美元)

年份	自由现金流	未来现金流的现值
2007	100 000	90 909
2008	100 000	82 645
2009	100 000	75 131
2010	100 000	68 301
2011	100 000	62 092
2012	100 000	56 447
2013	100 000	51 315
2014	100 000	46 650
2015	100 000	42 410
2016	100 000	38 554
2017	100 000	385 543
总价	售价 1 000 000	1 000 000（取整）

表 15-2 内在价值 95% 的价格卖出后最后的回报

投资的资金	50 万美元
总收入	超过 1 150 000 美元
年化收益	超过 50%

从中我们可以看出，按照我们投资的数额，加油站的收益只有 10%，但是如果我们以远远低于内在价值的价位买入，我们能够获得超过 50% 的年化收益。

另外，如果我们能够使用凯利公式来计算，我们可以对未来两三年的收益进行保守估计。

- 3 年后收益为 2 倍甚至更高的概率　　　　　　80%
- 3 年后不赔不赚或者收益不到 2 倍的概率　　　15%

- 3 年后赔光或者不赔不赚的概率　　　　　　　　5%

我们总是保守估计，现在我们对上述的数据简化一下分析。

- 3 年后收益为 2 倍的概率　　　　　　　　　　80%
- 3 年后不赔不赚的概率　　　　　　　　　　　15%
- 3 年后赔光的概率　　　　　　　　　　　　　5%

这是一笔非常有利的投资，凯利先生建议我们可以将 88% 以上的可支配资产用于投资。这倒不难。让我们来看让人两难的情况。

假如油价飙升至每桶 150 美元，导致加油站每年产生的自由现金流突然减少，我们该怎么办？如今，加油站每年的自由现金流有 2 万美元。我们在收购加油站后 6 个月后，有人出价 15 万美元希望从我们手上买走这个加油站，我们该不该转手卖掉？

企业作为一个经济实体，和人一样，要经历沉浮，挺过艰难，经历光辉岁月。我们无法预计将来会怎样。在这种情况下，我们买入加油站的时候，油价是每桶 50 美元，而后飙升至 150 美元，导致了加油站营业额和交易量都骤降。如今，我们最好静观其变，让加油站好好适应现状。也许油价会回落，也许消费者会习惯这样高的油价，也许政府会考虑出台补贴政策。攻克股市的查克拉乌约阵的关键是：如果你很肯定买入股票的价格远远低于其内在价值，那么在股票购进之后的两三年内，当股价继续下跌时，千万不要沉不住气，折价转售。

如果我们把这条原则用于加油站的交易，当前的内在价值可能为 20 万美元甚至更高，那么我们肯定会毫不犹豫地拒绝这个出价 15 万美元购买加油站的人。不过，你无法肯定资产的内在价值。加油站的内在价值看起来有20万美元，但是如果油价回落到之前的价位，加油站的内在价值就有可能达到100万美元，而加油站未来的内在价值有可能为20万~100万美元。我们现在不能赔本卖掉加油站，理由有三点。

（1）我们买下加油站已有两三年时间。

（2）我们无法很肯定地确定加油站的内在价值。

（3）当前提出的价格往往低于我们对加油站内在价值的保守估计。

由此可见，只有在下列两个条件都满足的时候，我们才可以在买入股票后两三年内赔本转售。

（1）我们能够非常肯定地估计股票的现值和未来两三年的内在价值。

（2）当前提出的转手价格比股票的现值和未来两三年的内在价值高。

人类的大脑已经经过了数百万年的进化，但是我们依然无法非常冷静地对待股市的震荡。当狮子怒吼时，我们的大脑告诉自己得赶紧跑。我们不会继续靠近狮子，我们知道"三十六计，走为上策"。当股价大跌时，我们心生恐惧，就好比我们听到了狮子的怒吼一样，我们的第一反应是赶紧把股票卖掉，抹去曾经拥有这只股票的记忆，然后匆匆离场。这是为什么绝大多数投资者的投资回报率不会高于市场股市指数的原因。他们很热衷于买入股价正在上升的股票，而碰到股价大跌的股票，总是忍不住"立马止损"离场。为了平衡这种混乱的逻辑思维模式，我们只能提前提醒自己攻克查克拉乌约阵的步骤和原则，从而提升自己的理性行为能力。

成为一名成功的投资人,关键是只买市值比内在价值低的股票,然后尽可能降低可能出现的永久性损失。巴菲特的两大投资原则是:

- 原则一:别赔钱。
- 原则二:别忘了原则一。[2]

上市公司的估值会在短短几分钟内经历巨大的变化,真正的商业变化的发生需要几个月甚至几年的时间。加油站的现金流大大下降,未来也很不确定,我们需要给它一定的时间,让情况逐渐明朗。在未来两三年之内,应该很清楚油价的走向,有可能是每桶150美元甚至飙升至更高,我们得弄清楚政府是否会介入帮忙,我们也需要明白顾客倾向于保守消费的状态是暂时的还是永久的,营业模式能否转化,是否有新的产品或者服务出现来替代现有的等。

一旦度过了这两年时间,加油站的现金流依然保持在每年2万美元,你就会决定愿意以20万美元或者更高的价格来转售这个加油站。三年时间后,我们应该愿意以任何价位出让这个加油站。这就表明,我们的投资遭受了巨大的损失。市场大部分情况是有效的,通常情况下,估值偏低的资产会上升,并在靠近内在价值的水平上交易。沉浮不定的情况最晚会在两三年内消失。

这三年的规定也允许我们在对股票内在价值失算的情况下抛售某只股票。如果我们从来不出手,总是希望股价能和其现有的价值拉平,那么我们只能无止境地等下去。等待的实际成本很高,即将这些资产投资到其他地方的机会。因此,在准许企业享有充分的时间来发现并找到其内在价值,以及个人等待投资机会之间要找到合理的平衡。

为什么是两三年的时间？为什么不是两三个月或者五六年的时间？我无法提供有力的证明来说明为什么应该以两三年为期限来考核。我们知道，短短几个月的时间是不够的。真正的业务改变需要时间。如果某个 CEO 想要雇用适当的人，或者在适当的时间进入或者退出市场，这都需要好几个月、一年甚至更长的时间。同理，我们的加油站面对的也是危及其营业模式的震荡。我们需要花点时间来理清思路。要等待 5～10 年的时间来确定情况已经明朗，这样的等待也太漫长了，其真正的成本也会大得离谱。

如果我们连续 10 年都保有这个加油站，最终我们以 100 万美元卖出，还能收到红利，那么我们可以把这些所得投入到其他投资项目，在未来 10 年内获得 12% 的年化收益，20 年后，我们资产的总额会达到 310 万美元。相反，如果我们是在持有后两年的时间里，以 70 万美元转售这家加油站，然后把这笔借款投资，未来 18 年内每年能获得 12% 的年化收益，我们届时就会有 540 万美元。实际上，如果我们在两年后以高于 40 万美元的价格出售这个加油站，这样的回报比我们持有 10 年，并在 10 年后以 100 万美元的价格出售而言，很难去弥补那些复利不执行带来的资本损失。虽说如此，我们依然要非常有耐心，但也不能无止境地等待下去。我的结论是：两三年是让赔本的投资者止损的最佳等待时间。

有关于价值投资最好的书是乔尔·格林布拉特撰写的《赢得市场手册》。我会默认阅读本书的人已经读过《赢得市场手册》。[3] 书中提到的神奇公式提示所有的股票持股时间是一年。你买进股票后无论是涨是跌，按照神奇公式模式买进的股票持股时间为一年，这一年无论如何都不要卖掉。因为这种模式选出的股票都是深度价值股，它们都是属于那种因为有噪声就已经跌价的股票。神奇公式选股票的神奇之处在于这类股票经历的市场恐慌一般在一年内都会停止，股价会停止下跌并反弹。最终这些股票的年化收益要比市场股指好很多。一年是比较理想的持股期限。但如果投资人从一开始就很了解这只股票，我觉得持有时间超过一年，也能保证你获得收益。神奇公式选股票模式建议，如果买了自己对之一无所知的股票，就应该持股 12 个月。而对于那些自己比较了解的股票，持股时间可以适当延长。

如果你能确信股票的内在价值，你也可以在赔钱两三年后的时间里依然持有这只股票，但要注意投资的时间价值，因为很难弥补几年毫无复利的损失。在两三年的期限内，我们不会因为市场上出现狮子吼，就赶紧躲起来。这也在一定程度上避免了我们在极度悲观的时候进行非理性无原则的股票抛售。

过去 4 年的时间里我和 Universal Stainless & Alloy Products 公司犹如过山车般的投资持股经历，就是有关狮子大吼的典型例子。

Universal Stainless & Alloy Products 公司

Universal Stainless & Alloy Products（USAP）公司于 1941 年成立（见图 15-2）。自成立之日起，该公司就一直专注于生产特殊钢制品，用于发电、航天和重型机械制造等特殊用途。公司有三个生产工厂，一开始设备都比较落后，后来被 Universal Stainless & Alloy Products 公司收购，成为规模宏大的钢铁制造集团。收购花费了公司共 1000 万美元，多年来，公司又连续投入 6800 万美元用于改进这三个工厂的设备。[4]

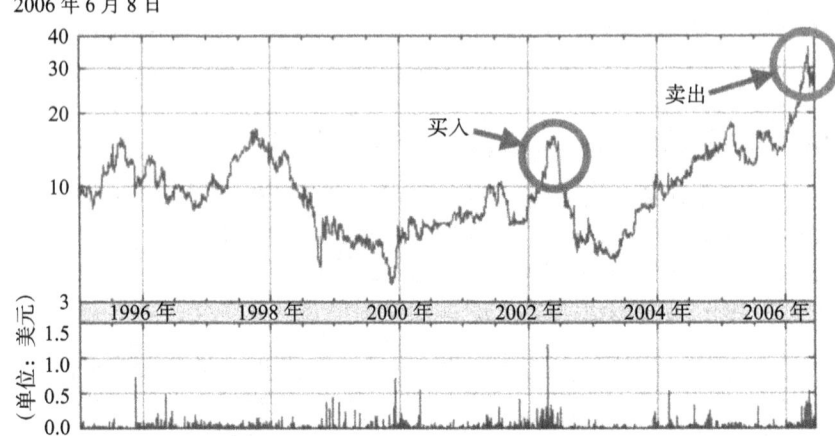

图 15-2　Universal Stainless & Alloy Products 股票价格（1995～2006 年）
资料来源：2006 年雅虎集团版权所有，翻版必究，http://finance.yahoo.com。

Universal Stainless & Alloy Products 公司收购了位于纽约敦刻尔克的第三个工厂后，我开始研究这个集团。这三个工厂在收购前有三个共同点。

（1）都有弹性工作制；
（2）没有福利成本（养老金／医疗保险）或者环境保护责任；
（3）收购价格为 0 或者接近 0。

敦刻尔克的工厂收购价是 400 万美元，但是这个价格不包括存货和额外的资产。此外，Universal Stainless & Alloy Products 公司只用现金支付了 100 万美元，剩余的 300 万美元是用 10 年期的利率为 5% 的票据支付的。实际上，公司几乎没花钱就收购了这家工厂。在收购敦刻尔克的工厂前，Universal Stainless & Alloy Products 公司在 2001 年的股价是每股 1.26 美元，有形资产账面价值大大低估，当时的估值是每股 9.28 美元。Universal Stainless & Alloy Products 公司的 CEO 克拉伦斯·麦克·麦安尼（Clarence Mac McAninch）曾是阿姆科钢铁公司（Armco Steel）的高管，当时阿姆科公司负责开发敦刻尔克的工厂。所以，麦克对敦刻尔克的工厂比较熟悉。敦刻尔克的工厂曾经一度能产生 1 亿美元的收入，希望能够将产能扩展到有能力产生 1.5 亿美元的收入。销售额能达到 1 亿美元甚至 1.5 亿美元，光敦刻尔克的工厂一家，每股超过 1.5 美元，甚至到 2.5 美元。

麦克用这种憨夺型的投资方式，以非常低廉的价格收购了重型钢铁制造厂。这让我想起了本书前面介绍的米塔尔。本书第 4 章我们介绍了米塔尔和他的钢铁王国，他发家致富的秘诀就是用抄底价收购世界各地的钢铁厂。麦克和米塔尔的创业基因中肯定会有些共同点。麦克的憨夺型投资方法给我吃了定心丸，我决定投资 Universal Stainless & Alloy Products 公司的股票。

Universal Stainless & Alloy Products 公司收购了敦刻尔克的工厂以后，在短短几年内，这家公司能轻松获得每股 2.75～3.75 美元的利润。这样的钢铁制品公司，哪怕没有额外的资本，其股票价值也有可能超过了每股 30 美元。如果他们能把敦刻尔克工厂的收入提升到 1.5 亿美元，并妥善利用由此产生的规模经济，每股利润可以达到 4 美元，公司的内在价值可以达到每股 40～50 美元。Universal Stainless & Alloy Products 公司几乎没花一分钱就收购了相当份额的资产和工厂。公司的融资方针非常保守，管理严密有效。此外，特殊钢制品和普通轧钢制品不同，定价时溢价的机会较多，少数有资质的钢铁厂才能生产这种特殊钢制品。最后，Universal Stainless & Alloy Products 公司收购了敦刻尔克的工厂以后，公司可以进一步拓展其本来就位于敦刻尔克的两家工厂的产能。相比以前，它们只能向市场交付半成品，如今有了新的钢铁制造厂，它们的交付能力大大加强。这些都是有利于 Universal Stainless & Alloy Products 公司的因素。

Universal Stainless & Alloy Products 公司股票投资不利的因素在于这毕竟是身在钢铁行业的企业。生产周期较长，受制于供求关系等多种因素的影响。此外，敦刻尔克的工厂可能需要一些资金才能恢复正常的生产经营。除非年销售额达到 2500 万～3000 万美元，否则工厂每年都得赔钱。Universal Stainless & Alloy Products 公司股票的每股盈利近期有可能会下降，最终又会上升。

总体而言，我觉得这是值得我们投资的对象。帕伯莱基金率先于 2002 年 4 月投资 Universal Stainless & Alloy Products 公司股票。我们以每股 14～15 美元的价格买入，并拿出个人净资产的 10% 来投资 Universal Stainless & Alloy Products 公司股票。我怎么可能错过这种十拿九稳的投资交易呢？

一年后，公司股票的交易价格是每股 5 美元，跟我们的买入价相比，下挫了 60% 以上。Universal Stainless & Alloy Products 公司每年丧失的年化收益达到 200 万～300 万美元。敦刻尔克的工厂几乎是造成全部损失的原因。工厂每年的营收运转费是 2000 万美元。关键是敦刻尔克工厂生产的产品已经不再用于发电或者航天飞机市场。Universal Stainless & Alloy Products 公司的其他工厂收入下滑，顶多能保本。除了 Universal Stainless & Alloy Products 公司在敦刻尔克的工厂外，公司的年化营收运转率为每年 4000 万美元，去年是 7000 万美元。我该怎么办？买入更多？抛售还是持有？显然狮子的吼叫声音非常大，市场的干扰不少。

此刻，我们深入查克拉乌约阵，敌人看似已经赢了，正准备把我们赶尽杀绝。为了生存（现在还谈不上胜利），我们不得不淡定从容，要按照破除查克拉乌约阵的方向果断改变战术。

按照破阵的思路，具体该怎么办是不言而喻的。整个钢铁行业都死气沉沉的。这并不是 Universal Stainless & Alloy Products 公司一家企业碰到的问题，而是整个行业的难题。Universal Stainless & Alloy Products 公司的内在价值是多少，这不好说，甚至它是无法确定的。考虑到行业的周期性特征，随着需求的提升，情况好转的可能性还是很大的。这两年来，我们眼看着 Universal Stainless & Alloy Products 公司的股价跌了下去，其内在价值还很难确定。但这未必就表明我们已经赔本。这是典型的在查克拉乌约阵中孤军奋战的例子。为了提高自己生还的希望，答案是显而易见的——静观其变。继续持有这个股票。正如我的母亲所说的："时间会治愈一切。"

又过了一年，到了 2004 年 4 月。Universal Stainless & Alloy Products 公司的股票价值是每股 10～11 美元。敦刻尔克工厂的营收运转率是 2700 万美元，工厂处于盈利状态。Universal Stainless & Alloy Products 公司其他钢铁工厂的营收运转率是 6000 万美元，它在获利，但还没有恢复到 2001 年的水平。公司总体的销售运转率是 8500 万美元，公司给出的预报是下个季度销售额应该高达 2900 万美元，且公司上下严阵以待,都在为实现这个目标而努力。这表明营收运转率为 1.2 亿美元。情况已经大大改观。公司的自信部分源自于订单量的增加。问题是我该怎么办?两年已经过去了,我们依然没有赚钱。现在公司的内在价值比以前更加明朗了,公司的迅速增长表明了我们原先购买股票时的期望会实现,只是时间延迟了而已。我估计 Universal Stainless & Alloy Products 公司的内在价值可能要超过每股 11 美元。看起来市场不愿意凭借其良好的前景,现在就给 Universal Stainless & Alloy Products 公司好处,它还在持观望态度。

很多笼罩在 Universal Stainless & Alloy Products 公司的阴云已经消散了。然而,我们的确是遭遇了股价下跌的窘境,虽然我们不能说它真的让我们已经赔本了。我依然不相信现在这种情况就等于我的投资失利了。巴菲特的两个投资原则要时刻铭记于心。我决定持观望的态度,再等几个季度。离 3 年的期限,还有一年时间。

2005 年年初,Universal Stainless & Alloy Products 公司股票超过了每股 15 美元。最后,经过 3 年长期的苦战,我们终于抢占了有利的地形。我们现在面前有好几个选择。

- 以获得少许的利润出售。
- 买入更多。
- 静观其变。

2005 年 1 月,Universal Stainless & Alloy Products 公司的营收运转率是每年 1.5 亿美元,净收入每年为 1050 万美元。未交付的订单额是 7200 万美元,刷新了公司的纪录。所有的工厂产能都得到了利用,顺利将价格增幅和附加费用转嫁给了顾客，而顾客也没有表现出抵触情绪。敦刻尔克工厂的营收运转率是4200万美元。未来几年时间里，要将销售额翻两三倍，依然有很长的路要走。我们之前投资时的期望终于实现了，只是我们经历了3年的震荡，攻克了像查克拉乌约阵这样的难题。

2005年5月，公司决定用2500万美元的资本支出来安装第六个真空弧再熔炉。我对于这种设备不了解。我只知道在某次公司的会议上麦克曾说过有了这个装备，公司的每股利润可以因此上升0.5美元。也就是说，这个设备的投资可以在一年内收回。一个企业花费2500万美元投资资产，第一年就能从中赚取300万美元以上。碰到这样的情况，你根本不需要用Excel表格来告诉你这能在多大程度上提高这个企业的内在价值。

虽然在公司会议和新闻发布会上，这些好处被一一阐明，但是Universal Stainless & Alloy Products公司的股价依然震荡不定，整个2005年股价都在每股10美元和17美元之间摇摆。不用说，不管实际的股价如何，帕伯莱基金增加了Universal Stainless & Alloy Products公司股票的持股比例。到2005年年底，我们拥有的Universal Stainless & Alloy Products公司股票份额将近10%。我们现在退场，不仅仅是能逃过查克拉乌约阵这样的难题，然后全身而退，更重要的是我们几乎消灭了敌人。

2006年，公司宣布它会再次购买一台真空弧再熔炉，并于2007年投入使用。在我看来，如果麦克能够保证这些机器能够一年365天、一周7天24小时不间断运转，他要买多少机器设备都可以。2007年，即使考虑了钢铁制造行业生产周期的特点，Universal Stainless & Alloy Products 公司的内在价值也已经超过了每股 35 美元。如果我有其他更好的投资对象，帕伯莱基金决定在 Universal Stainless & Alloy Products 公司股票价格达到其内在价值 95% 的时候退出市场。而当 Universal Stainless & Alloy Products 公司的股价达到内在价值的 100% 时，无论如何，我都要抛售。这注定是一场漫长艰辛的攻坚战。

2006 年 4 月，Universal Stainless & Alloy Products 公司股票价格首次达到了 31.5 美元。我开始大量抛售。5 月，股价冲破了 35 美元。我们在保证卖出量在当日该股总成交量的 20%～30%，并不影响股价的前提下，最大限度地抛售。我们在美邦（Smith Barney）经纪公司的交易员工作很给力，直接帮助我们完成了抛售。5 月中旬，股市整体大幅度下跌，Universal Stainless & Alloy Products 公司股票价格从 36 美元跌到了 32 美元。一旦股票价格低于 31.5 美元，帕伯莱基金就停止抛售。我在写这本书的时候，帕伯莱基金已经售出了所持股票的 60%，而获得的平均回报高于 100%。剩余的股票将在其股价上升至 Universal Stainless & Alloy Products 公司内在价值 90% 以上的水平时，我们才会继续出售。有些 Universal Stainless & Alloy Products 公司股票持有时间已经有 4 年时间，年化收益大约为 19%，还有的持有时间为一年，年化收益是 100%。总之，虽然我们不能说大获全胜，但是却已经有相当不错的表现了。

我会继续监测 Universal Stainless & Alloy Products 公司经营状况一个季度的时间，事情如果有进展，我会及时调整自己对公司内在价值的估计。我在2006年6月19日写下你们现在读的这段文字，Universal Stainless & Alloy Products 公司股票的交易价格是每股25.65美元。市场对于钢铁公司比较弱势的基本面表现很担心。虽然较大的行业试图影响钢铁制造业，这里依然有一个未受影响的独立的Universal Stainless & Alloy Products 公司。航空和能源行业的客户这两年行业前景很好。Universal Stainless & Alloy Products 公司的业务前景非常乐观，又承接了更多的订单。近几个星期，Universal Stainless & Alloy Products 公司的原材料价格大幅度下跌。据说2006年7月，价格会回升。到2007年1月，真空弧熔炉的产能会充分调动起来，本身就能给企业带来每股1美元的额外收入。总之，它们在预告未来的前景，我敢打包票，我认定公司的股票价格还会继续上涨。当该价位达到公司内在价值的90%时，帕伯莱就会重新开始抛售Universal Stainless & Alloy Products 公司股票。

2003年，股价跌到了5美元。帕伯莱基金预期两三年后保本或者遭遇损失的时候才会退出市场。"至少持股两三年"的原则让我们赶在大家对Universal Stainless & Alloy Products 公司的股票信心尽失前抛售。攻克查克拉乌约阵的原则帮助我们从投资Universal Stainless & Alloy Products 公司股票看跌的悲观中一路挺过来，最终获得了不错的收益。

三年后，如果投资依然不见好转，原因通常是我们对企业的内在价值或者内在价值关键的推动因素的判断失误，也有可能多年来公司的内在价值的确下降了。一旦三年的期限已过，不要犹豫承担已有的损失。吃一堑长一智。这样的损失会告诉你如何成为更好的投资者。虽然我们学习他人的教训能提高自己，但是自己体验到的教训能够最大限度地推动自己的成长。随着时间的流逝，不断地从自己的失败经验中吸取教训，你会逐渐发现你成功逃过查克拉乌约阵的概率越来越高。

退出查克拉乌约阵

在击败查克拉乌约阵后，要退出来很简单。在买入股票后三年内，会出现股价和内在价值交汇的时候，这就是我们获得较高年化收益的机会。每当股价和公司内在价值的差距小于10%时，一定要赶紧卖出退场。当市场价格一旦逼近其内在价值的时候，就要赶紧卖出股票。唯一例外的情况是税收的考虑。如果你在追寻短期的回报，你应该持股，一直到实现了长期收益或者股价超过内在价值的数额足以支付额外的税金为止。

可以同时对付多少个查克拉乌约阵

激昂在对付一个查克拉乌约阵的时候，就因为无法全身而退而战死。我们能同时对付多少个查克拉乌约阵？巴菲特一般不用凯利公式的提醒，也能经常保持清醒，他深知集中投资的好处：

世界上的很多财富都是因为集中持有某一个公司的股票而获得的。如果你了解这个企业的情况，你不需要持有很多其他公司的股票。[5]

真正的投资机遇很少见，因此一旦出现，你就要好好把握，一定要拿出你财富的一大部分去投资。我在过去就曾说过，你要把投资当成是一张打孔卡，总共有 20 个小孔。你得仔细考虑每个孔该怎么打。实际上作为投资者，一生能把这 20 个孔打好就已经相当不错了。[6]

查理·芒格曾说：

集中价值投资这个观点在学术界几乎没有任何影响。投资经理觉得利用这个方法绝对不能赚大钱。对他们来说，这种提法太奇怪了。[7]

实际上，绝大多数共同基金管理者认为每天开始几场新的战斗，哪怕同时应付上百个查克拉乌约阵也不是什么问题。难怪 80% 的共同基金总是落后于股指表现。巴菲特这样说：

比利·罗丝（Billy Rose）曾经说如果你有 100 个女友，你对每一个女友都不了解，那肯定是不行的。问题是你要珍惜自己拥有的，了解女友，因为你一口不可能吃一个大胖子。[8]

——沃伦·巴菲特

有句话说得好，"少投注、投大注、看准了再投注"。当你认定机会非常有利时，你要倾尽所有，全力以赴。凯利公式会引导你到底买入持有多少股票。请以凯利公式提示的数额 1/4 为准。如果你在投资组合里能拥有 5～10 种不同的、你对之了若指掌的股票，你就会赢得市场，一个一个攻克查克拉乌约螺旋阵。

  激昂面临着困境。作为一个勇士，他没有退路，只能深入虎穴，进入查克拉乌约螺旋阵的中心破阵。他无法按照自己预算的时间退场，他不幸的命运正是因为他无法全身而退。我们却有选择退路的机会。在漫长的投资生涯中，我们可以从 3 万个查克拉乌约阵中选择一些我们能去拼一拼的战场。等士兵们睡着了，我们深入敌人的腹地，一举拿下最有利的地势，选择最有潜力的股票，然后大获全胜，功成身退。

第 16 章
Chapter 16

股指是否可靠？这是个问题

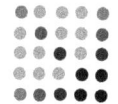

有大量的研究和实证数据表明，利用股指的提示来投资是一个很不错的投资策略。[1] 积极的资金管理者要承担大量的摩擦成本。管理的资产价值多达数千亿美元，这本身就足以构成整个市场。如果不考虑摩擦成本，其中有一半的股票表现不如市场平均水平，另外一半的表现要比市场平均水平要好。一旦你把摩擦成本考虑进内，绝大多数（通常80%以上的股票）投资回报都低于标准指数。长期来看，像标准普尔500指数和罗素2000指数这样拥有多元成分的指数一定会比大多数积极的资产管理基金表现好。这本身就是投资的定律。主要是因为摩擦成本的存在，绝大多数主动管理资产的投资回报率会低于上述两种指数。这是众所周知的事实。

对于大部分投资人来说，购买市场指数是一个不错的投资选择。这能保证投资回报比绝大多数同行管理的资产投资表现好。但是我们能做得比他们更胜一筹，原因有两点。

（1）总有一小部分投资者和基金经理能够成功获得比市场平均水平更高的投资回报。这些人大部分都是憨夺型投资者。我们很有必要研究这些投资者。如果你不想主动出击，你可以找到这些基金经理，把钱交给他们打理就可以了。你可以从投资第三大道（Third Avenue）、长叶（Longleaf）和费尔霍姆基金（Fairholme）开始。这三类基金都有可能表现超过市场指数。

（2）研究指数运作的方式，我们可以学到很多经验。充分关注了解这些指数运行的特征，并在自己的投资组合中充分运用，这样肯定能够产生比市场指数更好的投资回报。

我是大卫·斯文森（David Swensen）忠诚的粉丝。他管理着价值150亿美元的耶鲁大学捐赠基金。他管理耶鲁大学捐赠基金已经长达20年，其间该基金年化收益高达16.1%，而美国标准普尔500指数的收益是12.3%。[2] 他对待资产分配的方法堪称非主流，10年前几乎将耶鲁基金管理的资产全部移出债券市场，转入私募基金、风险资本、对冲基金和酋长（Chieftain）之类的集中价值基金中。

比如斯文森发现债券基金投资表现好坏差别不大。但风险资本和私募基金表现最好和最差的投资回报可就差远了。[3] 也就是说，投资表现最好的债券基金里，回报不多，但是从诸如凯鹏华盈（Kleiner Perkins）和红杉资本（Sequoia）最好的风险资本基金里，却能比表现欠佳的投资基金中获得更好的回报。于是，他很早就将耶鲁品牌渗透到这些优质的基金中，为耶鲁带来了可观的收益。

我很喜欢读斯文森写的《不落俗套的成功：最好的个人投资方法》（*Unconventional Success: A fundamental Approach to Personal Investment*）一书。[4] 这本书为了个人投资者而写，但是却包含了大量关于市场指数的内容。斯文森的建议是积极投资可以带来很高的回报，但只在少数睿智的资金管理者手下才有可能实现，不适合大众投资者使用。斯文森的意思是说，按照他说的去做，但别想着模仿他的行为。我不会说我完全反对斯文森的意见，但是我们可以按照他的建议大大改进我们的投资战略，获得更好的回报。

斯文森的书面世几个月后，出现了乔尔·格林布拉特撰写的书《赢得市场手册》。我觉得这本书很不错，大家都该读一读。乔尔·格林布拉特是我们这个时代非常出色的投资者。他为人低调、40岁出头，过去 20 多年里，一直保持了年化收益高达 40% 的投资回报。这样的成绩非常了不起。头一个 10 年，他甚至保持了年化收益高达 50% 的纪录。

10 年多时间里，能保持无杠杆投资组合年化收益高达 50% 的纪录，实属不易。10 年前，每一美元的投资都会带来 57.66 美元的回报，比原始投资高出 56 倍多。巴菲特在伯克希尔－哈撒韦公司的年会上提出在他投资生涯的前面 10 年（1950～1960 年），他取得了投资年化收益为 50% 的成绩。1950 年，巴菲特只管理几千美元；1960 年他管理了几百万美元的资产。乔尔·格林布拉特在他投资生涯的前 20 年管理几百万美元，之后的 10 年管理好几亿美元。随着这两位投资大师管理的资产数额增加，年化收益率在逐渐降低，但是他们的投资表现依然都比市场指数好。乔尔·格林布拉特管理的资产数额超过了 10 亿美元，他的投资表现比市场指数的强。巴菲特的资产如今超过了 2000 亿美元，50 多年的时间里，回报率竟高达 20% 以上，这简直让人佩服。

巴菲特不像斯文森那样主张投资人紧跟市场的指数。对于那些不想要太动脑筋，不打算进行深入证券分析的散户而言，跟着市场指数走是上选。但是他也说过，聪明的投资者如果能够做到集中投资，他们能取得比市场指数更好的投资表现。

乔尔·格林布拉特在《赢得市场手册》[5]一书中提供了一系列的建议。他写了这本书，可谓是为广大投资者提供了大量的福利，他还设立了免费的网站 www.magicformulainvesting.com。这本书的主题是低价购买有前景的企业能够产生比任何指数更好的投资回报。

乔尔·格林布拉特的投资神奇公式是这样的，所有的美国上市公司股票似乎都按照投资回报降序排列。如果世界上总共有 3000 只股票，像谷歌这种投资回报率很小的企业排在前面，而一些国有钢铁企业会排名靠后。然后他再根据市盈率做了一次排名，市盈率最低的排在最前面，而市盈率最高的会排在第 3000 位。最后，他将每只股票的两种排名数字加在一起，结果数值较低的股票就是神奇公式指示的股票。谷歌这样的股票按照资本回报率排名会排到第一，而按照市盈率这样的指标排列可能会排名接近 3000 名。加起来结果差不多是 3001。因此，它不可能是神奇公式提示应该投资的股票。

在神奇公式网站上，你可以搜索两个变量。股票最低总市值以及股票种类数目——25、50 或是 100。如果你输入市值最低是 100 万美元，而股票种类数目是 100，那么你就能获得 100 种这两个指标加起来数值最低的股票系列。乔尔·格林布拉特会对额外资本进行调整，所以提供的数据并非是单纯的数据叠加。

乔尔·格林布拉特继续建议应该用神奇公式提示的 25～30 种股票来建立投资组合。他建议每两三个月购买 5～7 只股票。在特定的股票持有一年后，可以卖出，并买入新的神奇公式提示的股票。经过验证，乔尔·格林布拉特发现按照神奇公式提示买入的股票可以产生 20%～30% 的年化收益，在不需要思考和分析的前提下，能轻松打败标准普尔 500 指数。

如果我们退一步来想，神奇公式本身可以看作一个指数。但却是集指数之大成者，可谓是指数之母。我们可以称之为憨夺指数。它比其他指数变化更加频繁，投资者可以因此而受益。购买 25 只神奇公式股票后最好持有一年，这个要求使其具备了定期的性质。由于买卖股票的决策过程非常严谨，不允许我们这种极易受恐惧和贪婪思想影响、适应力极差的大脑随便去干扰投资决定，因为那样会让我们痛失本来可以获得的既定收益。

乔尔·格林布拉在自己的投资组合中，已经使用了神奇公式作为股票研究的出发点。他在戈坦公司管理的基金呈现集中化的特征——5只股票的头寸占有80%以上的资产。乔尔·格林布拉特并不死守神奇公式一年投资期限的规定。他使用神奇公式作为一种过滤方法，在经过多方面的分析后，决定哪些股票可以购买。在决定买入前，他会花大量的时间研究分析。

格林布拉特和斯文森都认为积极基金管理具有弊端。他们建议指数投资是个不错的选择。利用乔尔·格林布拉特方法，优势在于投资者可以从他掌握的一些股票中选择投资对象。

总结一下，我们购买标准普尔500指数或者罗素2000指数，就能比绝大多数积极基金管理者取得更好的投资回报。要取得比指数投资更好的业绩，我们可以采用考虑交易成本定期购买的方法。如果我们能使用神奇公式来进行投资决策，那就更好了，即在不做调整和改变的情况下使用格林布拉特方法。最好只关注最低总市值为100万美元的股票。总市值较低的股票在华尔街不受热捧，它们的股价有可能严重偏离其内在价值，同时也要关注每股盈利最高（即市盈率最低）的股票。其中，总市值低而盈利高的股票要比随意选择的股票投资回报更好。

神奇公式一般会提示250只股票，包括了又好又便宜的股票。相对于罗素2000或者标准普尔500指数，选择这种类型的股票如同在水桶里钓鱼。格林布拉特本人的投资方法就是把水桶里的水倒光后活捉里面的5条大鱼。因此，他几乎不会失手。

赚多赔少的投资买卖

神奇公式能提使你憨夺每美元只需用 50 美分支付的投资机会。我们可以大大简化投资过程，只要分析一下神奇公式提示的股票。随着时间的流逝，我们也能成为大富翁。我极力向大家推荐这种方法。这种方法很简单。你可以在小水桶里钓鱼，结果比绝大多数指数投资回报都好。此外，我们还有其他几种方法，让我们找到细水长流的投资方式。

（1）价值投资者俱乐部网站向公众开放，上面有很多花 50 美分就能购买价值 1 美元的投资渠道。所有人都可以在 www.valueinvestorsclub.com 网站找到这种投资对象。乔尔·格林布拉创办了这个网站。每年有 250 位价值投资人将在这个网站上发表 2～4 个最佳观点。乔尔·格林布拉特每周出 5000 美元奖励最佳的投资观点。这个网站每年需要他花费 26 万美元（加上维护费）来运营，看起来没有任何收益。乔尔·格林布拉特称这个网站是"对冲基金管理者圈子的美国偶像"。他使用这个网站寻找潜在的基金管理者，给他们提供资本，请他们管理。就这项活动本身能给乔尔·格林布拉特带来数百万美元的回报，可以说这个网站运营的回报是数倍的。此外，他还利用网站上出现的新的投资观点进行投资。很多神奇公式的股票在价值投资者俱乐部网站上都有信息评论，这有助于乔尔·格林布拉特进行分析。有了这两者互相对照，乔尔·格林布拉特可以取得更好的投资回报。

（2）订阅《价值线》杂志，你也可以在图书馆节约。研究该杂志每周评出的最差排名，它列出了过去 13 个星期跌幅最大、账面价值折损最大、市盈率最低、收益最高的股票等。这里面的信息堪称宝藏，值得我们好好研究。

（3）每天查阅纽约证券交易所的单日价格波动，查看过去52周陷入低谷的股票。这项信息在很多新闻报刊上都有刊载，网上也可以查阅。《巴伦周刊》公布了本周创下过去52周新低的股票。很多股票你可能从来没有听说过。不过没关系，一定要专注那些你了解的行业的公司股票，然后在你感兴趣的方面深入挖掘。

（4）订阅《杰出投资者文摘》（*Outstanding Investor Digest*，www.oid.com）和《价值投资者文摘》（*Value Investor Insight*，www.valueinvestorinsight.com），里面包含了全美顶级的价值投资经理的访谈内容和评论，这些信息可能对你的投资决策有重要的参考价值。

（5）订阅《投资组合播报》（*Portfolio Reports*），该期刊和《杰出投资者文摘》出自同一批写手之手，它列出了北美最佳基金管理者的动向。如果你不订阅这份资料，你也可以在纳斯达克官网（www.nasdaq.com）上查阅相关的信息。如果我知道东南资金管理（长叶合作基金）拥有Fairfax财经股票，我可以登录纳斯达克官网，输入FFH，点击Info Quotes的按钮，然后就会弹出FFH的信息窗口。点击"Holdings/Insiders"（内部交易者持有），再点击"Total Number of Holders"（持有者总数），最后点击"东南资产管理"，你就可以看到这个基金所持有股票的所有信息。

（6）还有一个免费网站，这个网站上的信息可以替代《投资组合播报》披露的信息，名为投资大师聚焦（Guru Focus），网址是www.gurufocus.cm。这个免费网站追溯了北美顶级的价值投资者的买卖行为。这也是值得我们淘宝的地方。

（7）《价值投资者见解》（*Value Investor Insight*）的姐妹刊物《超级投资者见解》（*Super Investor Sight*）也值得一读。上面提供了我们这个时代最出色的投资者投资股票持有情况（美国证监会 F-13 表格信息）。这在全世界各地都能订阅。

（8）订阅主要的企业刊物，包括《财富》《福布斯》《华尔街日报》《巴伦周刊》和《商业周刊》等。这些财经杂志里凝结了大量行业调查和分析报告。你可以不用花多少钱就能读到最有价值的企业信息。你了解的企业、财经人物和行业的信息越多，你做证券分析就越全面。这是阅读这些报纸杂志的长期收获，而你能时不时地碰到一些能让你动手投资的信息，阅读能给我们带来立竿见影的收益。比如，我对 level 3 通信公司的兴趣就来源于《巴伦周刊》的一篇文章。

（9）参加每年召开两次的价值投资大会（www.valueinvestingcongress.com），分别在纽约和好莱坞各召开一次。你交一点会费，不仅能学到如何成为更好的投资人，还能获得投资的底价信息。

如果一个投资者持有 5～10 只股票的头寸，并能够持有 1～3 年时间，这个投资者每过几个月就得想出新的投资观点。神奇公式、价值投资者俱乐部信息、《价值线》《杰出投资者文摘》《价值投资者文摘》《投资组合播报》《超级投资者见解》、投资大师聚焦和各类商业财经杂志都能把投资买卖做得更好。

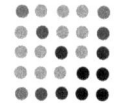

第 17 章
Chapter 17

阿周那的目标：
勇士的投资经验

阿周那是《摩诃婆罗多》这部史诗中的一个英雄。本书第15章中的激昂就是他的儿子。阿周那是一位伟大的斗士，世界上最勇猛的弓箭手。阿周那年少时和其他小王子一起被送到一位隐居在森林中的大师那里学习。少小离家的他们，学成归来，成了全面发展、行事果敢的优秀领袖。选定的师傅通常身怀绝技、博学多才、洞若观火，他就是大名鼎鼎的朵那查尔亚。

朵那查尔亚本人是一名出色的勇士，他作为皇家的太师傅，主要教授王子们射艺。有一天，他打算测试一下王子们的箭术。他在一根长杆顶端放了一根彩色的木制鱼，然后将这根长杆插在一个浅水池里。他要求徒儿们盯着木制鱼在水中的倒影看，然后射击杆子顶部鱼的眼睛。

第一个徒弟起身摆好了姿势。朵那查尔亚问他看到了什么。徒弟回答他看到了地面、水、杆子和鱼。朵那查尔亚对他说他还没有准备好，让他坐下。接着，另一个徒弟上前来，那个徒弟摆好了姿势。朵那查尔亚问他看见了什么，徒弟回答说看到了水、杆和鱼的倒影。朵那查尔亚对这个徒弟说，他也没有准备好，请他先坐下。就这样，他叫了一个又一个徒弟，然后一个个问他们看到了什么。最后他叫阿周那上来，摆好了姿势。朵那查尔亚问他看见了什么，阿周那回答说他看见了鱼眼的中心，就这样，朵那查尔亚让他发箭，阿周那按照指示射箭，正中鱼眼的中心。

朵那查尔亚祝贺阿周那射中了鱼眼，并告诉其他徒弟，他们没有通过测试，因为他们在一开始瞄准的时候就错了。箭术的核心就是要瞄准靶心。如果箭手无法瞄准靶心，他们是不可能射中目标的。这就是那一天朵那查尔亚传授给徒弟们的经验。

我在这里讲《摩诃婆罗多》中的一个故事，这跟我们立志要当憨夺型投资者有什么关系？

我们现在来分析一下投资的背景。全球上百个股票交易所里有十几万个上市公司。与此同时，全球各地有几十万个私营公司等待出售或者收购其他公司。加上几万种固定收益的证券、货币、商品、房地产、卖出和买入期权、共同基金、对冲基金、国库债券等，可供投资者选择的投资对象的范围之广、数量之多，简直让人应接不暇。

憨夺型投资者只投资简单熟悉的行业。这点要求足以排除99%的投资选择。像阿周那一样，我们必须集中精力研究那些简单熟悉的企业信息，我们必须在力所能及的范围内做出正确判断，而不受那些外在的噪声干扰。在我们熟悉的范围内，阅读有关书籍、报纸杂志、公司报表和行业信息等，说不定就能碰到一些有利于我们的公司信息，如果我们觉得这个公司有投资的潜力，公司的股价会比其内在价值低很多，这就表明我们买入这只股票的时间到了。届时，就得像阿周那一样集中精力，瞄准靶子，关注这家公司的动态，排除杂念。深入研究下去，就能明确这个投资机会是否真的能带来高回报。问问自己这个投资机会是否符合憨夺型投资模式，是否满足低成本、高回报的条件。大部分情况下，这些投资机会不会像你想象的那么划算，有时候你会面临其他的干扰因素，最终你有可能放弃。如若情况如此，你得重新在自己熟悉的领域中进行搜索，碰到了新的机会，你要以同样的方式明确它是否符合憨夺型投资模式，之后才能确定是否投资买入。

不要犯一心多用的错误，比如一下子瞄准五只股票。一定要尽可能从各种渠道了解你面前的投资机会，始终保持专注。在分析过程没有结束前，请不要转向其他目标。

最后，我愿意和大家分享一下我的一些看法。学习的最佳途径是传授个人的经验。在写本书的时候，我也学到了很多东西。如果没有John Willy & Sons 出版社的鼓励，本书也不会出版，我很感谢能有这样的机会分享自己的心得。

整本书只关注如何将财富最大化。我的父亲于1997年去世，他经常说，我们来到这个世界时两手空空，离开世界时也是如此。我们需要填补出生和死亡之间的空白。所以，我要补充说明一点，实现财富的最大化，为自己和家人创造幸福是让我们的人生变得有意义的方法，尽管你可以说这是我们度过人生次优的方法。

亚伯拉罕·乔治（Abraham George）来自印度的客拉拉邦（Kerala）。我很骄傲地称他为我的一个好朋友。多年前，他只身来到美国，成为优秀的企业家。几年前，他卖掉公司后获得了几百万美元的收入，然后决定通过乔治基金（George Foundation）（请登录 www.tgfworld.org 来查阅详细信息）回报社会。通过乔治基金，他已经在印度启动了好几个项目来帮助穷人。近来，一个受到乔治基金资助的人问他："你为什么要帮助我？"乔治没有正面回答，只是说："我喜欢你，这就是理由。"那个人一定要问个究竟，继续说："你为什么要帮助我们？"乔治想不说实话，肯定是不行的，就告诉他："帮助你们让我感到高兴。"我不知道乔治是因为帮助他人快乐多，还是觉得拥有一个船队或者世界顶级的豪宅更快乐。我也希望你也能像乔治和其他乐于助人的人那样从帮助和分享中得到快乐。

纪伯伦（Kahlil Gibran）在他的《预言者》[1]（*The Prophet*）一书中

谈到了他对人生的见解。这本书语言精辟、行文洗练。虽然我们很难达到纪伯伦的高标准，但是我们了解一些，有助于我们成为更加高尚的人。下面一番话就深深打动了我。

给予他人财产，这并不是真正的慷慨。当你全心付出时，那才是真正地给予他人。你的财产不过是你为了明日有需才保管起来却又害怕失去的东西罢了……有些人将少量财产给了他人，为的是得到赞扬和认可，而这样的馈赠意义就大打折扣。

还有些人给予他人财产，觉得是自然而然，既不是为了快乐，也不是为了德行。那是上帝在借这些人的手在说话，借这些人的眼睛向世界微笑。

你可能经常会说："我只愿意给那些值得给予的人。"事实上，每个配得上接受白天和黑夜的人，都值得从你手中获得任何东西。每个配得上饮用生命之泉的人，都能从你的涓涓细流中分得一杯羹。

要先看到，你首先得能成为一位给予者，然后你才有资格给予他人。事实上生命给予新的生命，你虽自认为是一个给予者，但你不过是一个见证生命的人。[2]

——纪伯伦

我建议大家充分利用憨夺型投资方法来追求财富。但是我希望在我们老去之前，我们可以用一点时间和憨夺型投资方法赚得的钱，让这个世界变得更好。也许我们无法改变世界，但是我们可以以个人绵薄之力让这个世界变得更加美好，为自己，也为千千万万的你、我、他！

注 释

第1章

1. Govind B. Bhakta, *A Gujarati Community History in the United States*, UCLA Asian American Studies Center, 2002.

2. 见注释1。

第3章

1. Richard Branson, *Losing My Virginity: How I've Survived, Had Fun, and Made a Fortune Doing Business My Way* (New York: Three Rivers Press, 1999).

2. 见注释1。

3. 见注释1。

4. "For the Beat in Your Life: Virgin Launches Premium Brand of 'Personal Electronics,'" press release by The Virgin Group, October 15, 2003.

5. The Virgin One Account home page, www.oneaccount.com (accessed July 20, 2006).

6. Richard Branson, *Screw It, Let's Do It* (London: Virgin Books, 2006), pp. 12–22.

7. Necker Island Rate Card, http://www.virgin.com/subsites/necker/Necker_Rates_05-08.pdf (accessed July 20, 2006).

第4章

1. Luisa Kroll and Lea Goldman, "The World's Billionaires," *Forbes* magazine, March 10, 2005, p. 125.

2. Charles Paul Lewis, *How the East Was Won: The Impact of Multinational Companies on Eastern Europe and the Former Soviet Union* (London: Palgrave McMillian, 2005).

3. *The Turnaround of Ispat Karmet*, Case study by the Institute of Chartered Financial Analysts of India, Center for Management Research, 2005.

第5章

1. Whitney Tilson, "The Perfect Business," November 24, 2004, The Motley Fool, http://www.fool.co.uk/stockideas/2004/si041124.htm (accessed April 11, 2006).

2. Warren Buffett, "1974 Letter to Shareholders of Berkshire Hathaway," Berkshire Hathaway Annual Report (1974).

3. Patricia Sellers, "Eddie Lambert: The Best Investor of His Generation," *Fortune* magazine, February 6, 2006.

4. "The Motley Fool Take," March 10, 2003, The Motley Fool, http://www.fool.com/news/take/2003/take030310.htm (accessed April 12, 2006).

5. Warren Buffett and Carol Loomis, "Mr. Buffett on the Stock Market," *Fortune* magazine, November 22, 1999.

6. Lecture by Warren Buffett at the University of Florida's School of Business, October 15, 1998.

7. Peter D. Kaufman, ed., *Poor Charlie's Almanack* (Virginia Beach, VA: Donning Company Publishers, 2005), p. 52.

8. 见注释7。

9. John C. Coffee Jr., Louis Lowenstein, and Susan Ackerman, eds., *Knights, Raiders and Targets* (New York: Oxford University Press, 1988), pp. 11–27.

10. Benjamin Graham, *The Intelligent Investor* (New York: HarperCollins, 1986/1973).

11. 见注释 10。

第 6 章

1. The NYSE web site, www.nyse.com/about/history (accessed May 23, 2006).

2. Peter D. Kaufman, ed., *Poor Charlie's Almanack* (Virginia Beach, VA: Donning Company Publishers, 2005), p. 182.

第 7 章

1. John Burr Williams, *The Theory of Investment Value* (Flint Hill, Virginia: Fraser Publishing, 1997/1938).

第 8 章

1. Terence P. Mare, "Yes, You Can Beat the Market," *Fortune* magazine, April 3, 1995 (modified later by Buffett letter to author).

2. L. J. Davis, "Buffett Takes Stock," *New York Times Magazine*, April 1, 1990.

3. Linda Grant, "The $4-Billion Regular Guy," *Los Angeles Times Magazine*, April 7, 1991.

4. Berkshire Hathaway Annual Meeting, Omaha, NE, May 6, 1996.

5. Warren Buffett, "1988 Letter to Shareholders of Berkshire Hathaway," *Letters to Shareholders of Berkshire Hathaway 1977–2005*, posted on the web site, www.berkshirehathaway.com, and available as a three-volume bound set from the company by sending a

check for $35 to 3555 Farnam St., Suite 1440, Omaha, NE 68131. The bound set also includes some letters to Wesco shareholders penned by Charlie Munger.

6. 见注释 5。

7. Benjamin Graham, *The Intelligent Investor* (New York: HarperCollins, 1986/1973).

第 9 章

1. Peter D. Kaufman, ed., *Poor Charlie's Almanack* (Virginia Beach, VA: Donning Company Publishers, 2005), p. 59.

2. Arie de Geus and Peter M. Senge, *The Living Company* (Boston: Harvard Business School Press, 1997).

第 10 章

1. William Poundstone, *Fortune's Formula: The Untold Story of the Unscientific Betting System* (New York: Hill and Wang, 2005).

2. Michael Mauboussin, "Mauboussin on Strategy: Size Matters," Legg Mason Capital Management, February 1, 2006, www.leggmason.com/funds/knowledge/mauboussin/Mauboussin_on_Strategy_020106.pdf.

3. Peter D. Kaufman, ed., *Poor Charlie's Almanack* (Virginia Beach, VA: Donning Company Publishers, 2005), p. 184.

4. Edward O. Thorp, *Beat the Dealer: A Winning Strategy for the Game of Twenty-One* (New York: Vintage, 1966).

5. 见注释 4。

6. 见注释 1。

7. Chris Leither, *Ludvig von Mises, Meet Benjamin Graham: Value Investing from an Austrian Point of View*, Austrian Economics and Financial Markets Conference, Venetian Hotel Resort Casino, Las Vegas, NV, February 18–19, 2005; posted on the web at http://mises.org/journals/scholar/Leithner.pdf (accessed No-

vember 18, 2006).

8. Warren Buffett, *Letters to Partners of the Buffett Partnerships, 1956–1970,* 1963, 1964 letters.

9. Roger E. Lowenstein, *Buffett: The Making of an American Capitalist* (New York: Random House, 1997).

10. 见注释 8。

11. 见注释 10。

12. Michael Mauboussin, "Mauboussin on Strategy: Size Matters," Legg Mason Capital Management, February 1, 2006, www.leggmason.com/funds/knowledge/mauboussin/Mauboussin_on_Strategy_020106.pdf.

13. John C. Bogle, *Common Sense on Mutual Funds* (New York: John Wiley & Sons, 1999).

第11章

1. Amar V. Bhide, *The Origin and Evolution of New Businesses* (Oxford: Oxford University Press, 2000).

2. CompuLink's corporate web site, www.compulink-usa.com (accessed May 25, 2006).

3. Berkshire Hathaway annual meeting, Omaha, NE, May 1, 2000.

4. Warren Buffett, July 1999 at Allen & Co.'s annual conference/retreat in Sun Valley, ID.

第12章

1. Benjamin Graham, *The Intelligent Investor* (New York: HarperCollins, 1986/1973).

2. Luisa Kroll and Lea Goldman, "The World's Billionaires," *Forbes* magazine, March 10, 2005.

3. Warren Buffett, "1985 Letter to Shareholders of Berkshire Hathaway," *Letters to Shareholders of Berkshire Hathaway 1977–2005,*

posted on the web site, www.berkshirehathaway.com.

4. 见注释3。

5. Peter D. Kaufman, ed., *Poor Charlie's Almanack* (Virginia Beach, VA: Donning Company Publishers, 2005), p. 89.

第13章

1. Stewart Enterprises corporate web site and SEC filings, www.stewartenterprises.com and www.sec.gov (accessed June 12, 2006).

2. Level 3's corporate web site, www.level3.com (accessed June 13, 2006).

3. Jonathan R. Laing, "Level 3's Next Stop," *Barron's*, July 16, 2001, p. 15.

4. 见注释2。

5. *Value Line Investment Survey, Part 1, Summary & Index* (New York: Value Line Publishing, 4th Quarter 2001 Reports).

6. Knightsbridge Tankers Limited's web site, www.knightsbridgetankers.com (accessed June 20, 2006).

第14章

1. Purnima Mudnal, "Newport's Tarsadia Goes from Motels to Hotels," *Orange County Business Journal*, September 12–18, 2005, pp. 1, 85–86.

2. McDonald's Corporate History, www.mcdonalds.com.

3. Jan Uebelherr, "Burgers from the Ground Up," *Journal Sentinel* (Wisconsin), May 7, 1999.

4. Chuck Martin, "Sandwich History," *Cincinnati Enquirer*, March 24, 2004.

5. 见注释2。

6. Bonnie Cavanaugh, "GA Enterprises Inc.: Egg McMuffin Creator Is a McD's Franchisee Committed to His Employees,"

Nation's Restaurant News, January, 1998.

7. 见注释 2。

8. Amy Zuber, "McD Aims 'Mighty Kids' Meal at Preteens, Combats BK Initiative," *Nation's Restaurant News,* April 2, 2001.

9. John F. Love, *Behind the Arches* (New York: Bantam Books, 1986).

10. Pamela Blamey, "McDonald's Flips Away Three Low-Fat Items," *Supermarket News,* February, 1996.

11. John Schmeltzer, "McDonald's Chickens Out," *Chicago Tribune,* Business Section, July 12, 2006.

12. Paul Carroll, *Big Blues: The Unmaking of IBM* (New York: Crown Books, 1993).

13. Stephen Manes and Paul Andrews, *Gates: How Microsoft's Mogul Reinvented an Industry and Made Himself the Richest Man in America* (New York: Doubleday, 1993).

14. James Wallace and Jim Erickson, *Hard Drive: Bill Gates and the Making of the Microsoft Empire* (New York: HarperCollins, 1992).

15. Pascal G. Zachary, *Showstopper! The Breakneck Race to Create Windows NT and the Next Generation at Microsoft* (New York: Free Press, 1994).

16. *The Berkshire Hathaway Owners' Manual,* 2005 Berkshire Hathaway Annual Report.

17. Joel Greenblatt, *The Little Book That Beats the Market* (New York: John Wiley & Sons, 2005).

第 15 章

1. C. Rajagopalachari, trans., *Mahabharata,* 36th ed. (India: Auromere, 1999).

2. Simon Reynolds, *Thoughts of Chairman Buffett* (New York: Harper Collins, 1998).

3. Joel Greenblatt, *The Little Book That Beats the Market* (New

York: John Wiley & Sons, 2005).

4. Universal Stainless & Alloy Products' web site, www.univstainless.com (accessed July 22, 2006).

5. Berkshire Hathaway Annual Meeting, Omaha, NE, May 6, 1996.

6. Berkshire Hathaway Annual Meeting, Omaha, NE, May 3, 2003.

7. 见注释 6。

8. Warren Buffett, "1985 Letter to Shareholders of Berkshire Hathaway," *Letters to Shareholders of Berkshire Hathaway 1984*, posted on the web site, www.berkshirehathaway.com.

第 16 章

1. John C. Bogle, *Common Sense on Mutual Funds* (New York: John Wiley & Sons, 1999).

2. Marcia Vickers, "The Money Game," *Fortune* magazine, October 3, 2005.

3. David F. Swensen, *Unconventional Success: A Fundamental Approach to Personal Investment* (New York: Free Press, 2005).

4. 见注释 3。

5. Joel Greenblatt, *The Little Book That Beats the Market* (New York: John Wiley & Sons, 2005).

第 17 章

1. Kahlil Gibran, *The Prophet* (New York: Alfred A. Knopf, 1923).

2. 见注释 1。

推荐阅读

序号	中文书名	定价
1	股市趋势技术分析（原书第11版）	198
2	沃伦·巴菲特：终极金钱心智	79
3	超越巴菲特的伯克希尔：股神企业帝国的过去与未来	119
4	不为人知的金融怪杰	108
5	比尔·米勒投资之道	80
6	巴菲特的嘉年华：伯克希尔股东大会的故事	79
7	巴菲特之道（原书第3版）（典藏版）	79
8	短线交易秘诀（典藏版）	80
9	巴菲特的伯克希尔崛起：从1亿到10亿美金的历程	79
10	巴菲特的投资组合（典藏版）	59
11	短线狙击手：高胜率短线交易秘诀	79
12	格雷厄姆成长股投资策略	69
13	行为投资原则	69
14	趋势跟踪（原书第5版）	159
15	格雷厄姆精选集：演说、文章及纽约金融学院讲义实录	69
16	与天为敌：一部人类风险探索史（典藏版）	89
17	漫步华尔街（原书第13版）	99
18	大钱细思：优秀投资者如何思考和决断	89
19	投资策略实战分析（原书第4版·典藏版）	159
20	巴菲特的第一桶金	79
21	成长股获利之道	89
22	交易心理分析2.0：从交易训练到流程设计	99
23	金融交易圣经II：交易心智修炼	49
24	经典技术分析（原书第3版）（下）	89
25	经典技术分析（原书第3版）（上）	89
26	大熊市启示录：百年金融史中的超级恐慌与机会（原书第4版）	80
27	敢于梦想：Tiger21创始人写给创业者的40堂必修课	79
28	行为金融与投资心理学（原书第7版）	79
29	蜡烛图方法：从入门到精通（原书第2版）	60
30	期货狙击手：交易赢家的21周操盘手记	80
31	投资交易心理分析（典藏版）	69
32	有效资产管理（典藏版）	59
33	客户的游艇在哪里：华尔街奇谈（典藏版）	39
34	跨市场交易策略（典藏版）	69
35	对冲基金怪杰（典藏版）	80
36	专业投机原理（典藏版）	99
37	价值投资的秘密：小投资者战胜基金经理的长线方法	49
38	投资思想史（典藏版）	99
39	金融交易圣经：发现你的赚钱天才	69
40	证券混沌操作法：股票、期货及外汇交易的低风险获利指南（典藏版）	59
41	通向成功的交易心理学	79

推荐阅读

序号	中文书名	定价
42	击败庄家：21点的有利策略	59
43	查理·芒格的智慧：投资的格栅理论（原书第2版·纪念版）	79
44	彼得·林奇的成功投资（典藏版）	80
45	彼得·林奇教你理财（典藏版）	79
46	战胜华尔街(典藏版)	80
47	投资的原则	69
48	股票投资的24堂必修课（典藏版）	45
49	蜡烛图精解：股票和期货交易的永恒技术（典藏版）	88
50	在股市大崩溃前抛出的人：巴鲁克自传（典藏版）	69
51	约翰·聂夫的成功投资（典藏版）	69
52	投资者的未来（典藏版）	80
53	沃伦·巴菲特如是说	59
54	笑傲股市（原书第4版.典藏版）	99
55	金钱传奇：科斯托拉尼的投资哲学	69
56	证券投资课	59
57	巴菲特致股东的信：投资者和公司高管教程（原书第4版）	128
58	金融怪杰：华尔街的顶级交易员（典藏版）	80
59	日本蜡烛图技术新解（典藏版）	60
60	市场真相：看不见的手与脱缰的马	69
61	积极型资产配置指南：经济周期分析与六阶段投资时钟	69
62	麦克米伦谈期权（原书第2版）	120
63	短线大师：斯坦哈特回忆录	79
64	日本蜡烛图交易技术分析	129
65	赌神数学家：战胜拉斯维加斯和金融市场的财富公式	59
66	华尔街之舞：图解金融市场的周期与趋势	69
67	哈利·布朗的永久投资组合：无惧市场波动的不败投资法	69
68	憨夺型投资者	59
69	高胜算操盘：成功交易员完全教程	69
70	以交易为生（原书第2版）	99
71	证券投资心理学	59
72	技术分析与股市盈利预测：技术分析科学之父沙巴克经典教程	80
73	机械式交易系统：原理、构建与实战	80
74	交易择时技术分析：RSI、波浪理论、斐波纳契预测与复合指标的综合运用（原书第2版）	59
75	交易圣经	89
76	证券投机的艺术	59
77	择时与选股	45
78	技术分析（原书第5版）	100
79	缺口技术分析：让缺口变为股票的盈利	59
80	预期投资：未来投资机会分析与估值方法	79
81	超级强势股：如何投资小盘价值成长股（重译典藏版）	79
82	实证技术分析	75
83	期权投资策略（原书第5版）	169
84	赢得输家的游戏：精英投资者如何击败市场（原书第6版）	45
85	走进我的交易室	55
86	黄金屋：宏观对冲基金顶尖交易者的掘金之道（增订版）	69
87	马丁·惠特曼的价值投资方法：回归基本面	49
88	期权入门与精通：投机获利与风险管理（原书第3版）	89
89	以交易为生II：卖出的艺术（珍藏版）	129
90	逆向投资策略	59
91	向格雷厄姆学思考，向巴菲特学投资	38
92	向最伟大的股票作手学习	36
93	超级金钱（珍藏版）	79
94	股市心理博弈（珍藏版）	78
95	通向财务自由之路（珍藏版）	89

巴芒投资学

分类	译者	书号	书名	定价
坎宁安作品	王冠亚	978-7-111-73935-7	超越巴菲特的伯克希尔：股神企业帝国的过去与未来	119元
	杨天南	978-7-111-59210-5	巴菲特致股东的信：投资者和公司高管教程（原书第4版）	128元
	王冠亚	978-7-111-67124-4	巴菲特的嘉年华：伯克希尔股东大会的故事	79元
哈格斯特朗作品	杨天南	978-7-111-74053-7	沃伦·巴菲特：终极金钱心智	79元
	杨天南	978-7-111-66880-0	巴菲特之道（原书第3版）	79元
	杨天南	978-7-111-66445-1	巴菲特的投资组合（典藏版）	59元
	郑磊	978-7-111-74897-7	查理·芒格的智慧：投资的格栅理论（原书第2版·纪念版）	79元
巴菲特投资案例集	杨天南	978-7-111-64043-1	巴菲特的第一桶金	79元
	杨天南	978-7-111-74154-1	巴菲特的伯克希尔崛起：从1亿到10亿美金的历程	79元